Udo Carll

Heisse Erotische Träume

Erotische Geschichten

BLUE PANTHER BOOKS TASCHENBUCH
BAND 2364
1. AUFLAGE: MÄRZ 2020

VOLLSTÄNDIGE TASCHENBUCHAUSGABE
ORIGINALAUSGABE

LEKTORAT: JASMIN FERBER

COVER: © MIAMI BEACH FOREVER @ SHUTTERSTOCK.COM
UMSCHLAGGESTALTUNG: MT DESIGN
GESETZT IN DER TRAJAN PRO UND ADOBE GARAMOND PRO

PRINTED IN GERMANY
ISBN 978-3-96477-347-0
WWW.BLUE-PANTHER-BOOKS.DE

INHALT

1. KussTraum 5
2. MorgenTraum 6
3. MännerTraum 11
4. BootsTraum 17
5. AutoTraum 23
6. WiesenTraum 27
7. DuschTraum 34
8. FrauenTraum 43
9. ParkplatzTraum 51
10. SaunaTraum 59
11. ÖlTraum 66
12. EinkaufsTraum 76
13. GartenTraum 90
14. StrandTraum 96
15. SMS-Traum 102
16. HitzeTraum 109
17. FeuerTraum 118
18. WunschTraum 127
19. PenisTraum 133
20. MuschiTraum 136
21. ThekenTraum 139
22. BadeTraum 144
23. JobTraum 147
24. DünenTraum 157
25. KlubTraum 161
26. FlugzeugTraum 175
27. FrüchteTraum 184
28. FKK-Traum 191
29. SwingTraum 200

30. PoTraum . . . . im Internet / 216

Mit dem Gutschein-Code

UC1TBUQWZ

erhalten Sie auf **www.blue-panther-books.de** diese exklusive Zusatzgeschichte als E-Book in den Formaten PDF, E-PUB und Kindle. Registrieren Sie sich einfach online oder schicken Sie uns die beiliegende Postkarte ausgefüllt zurück!

1. KussTraum

Ja, küssen mit zartem Zungenspiel möchte ich dich. Nachdem ich dein Gesicht, deine Achseln und deinen weichen Mund schmecken durfte, erkunde ich langsam deinen Körper.

Ich möchte, dass du die Augen schließt, ausschließlich nur fühlst.

Bedecken möchte ich dich, deine Brust, deinen Bauch, deine Lenden mit meinem Mund, ohne vorerst deinen Zauberstab zu berühren. So bleibe ich eine ganze Weile. Sehe mir dabei im seichten Licht deine schlanken, kräftigen und starken Formen an. Jedes einzelne Lockenpaar an deinem Körper betrachte ich, das Kraulen darin liebe ich so sehr.

Dreh dich um!

Zartes Weiterschmecken, ich berühre mit meinen Händen deinen Po. Ein Hauch, ein zarter Biss folgt, ich verweile an deinen Beinen und lege mich, nachdem ich deinen Rücken verwöhnt habe, meine Zunge an dir hinaufgleitend, auf dich.

Haut-an-Haut-Gefühl, pur und anschmiegsam.

Auf dir liegend kreist mein Becken mit leichtem reibendem Druck, spürst du meine kleine Lady?

Du weißt, wenn du dich umdrehen würdest, um die berührende Intimität. Wachsende Begierde prickelt so schön. Meine Brüste spürst du an dir, ich fühle deine Wärme.

Immer noch auf dir liegend, nimmt eine meiner Hände deine, hält dich fest, ohne mich wegzubewegen.

Die andere Hand streichelt weiter seitlich deine Haut, mit zärtlichem Biss in deinen Nacken.

Ich freue mich auf den Moment des Öls.

Wenn ich es auf dir verteile, ist ein so irres intensives Fühlen möglich.

Ich liebe es glitschig.

Und jetzt, dreh dich noch mal um!

Willst du?

2. MorgenTraum

Es ist dunkel hier um mich herum und meine Gedanken fliegen.

Vor mir liegt ein lebendiger Traum.

Die Bettdecke gleitet ganz langsam zur Seite und ich kann dich sehen, wie ich es so gern tue. Nichts stört meinen Blick. Deine Augen sind geschlossen, aber ich bin sicher, du fühlst meine Blicke. Ich knie zu deinen Füßen, massiere deine Fußsohlen und spiele mit deinen Zehen.

Ein wenig Öl macht meine Hände geschmeidig, während ich an deinen Beinen auf und ab streiche. Ich sehe die weichen Lippen zwischen deinen schlanken Schenkeln ganz zartfeucht glänzen. Nein, noch nicht, auch wenn es schwerfällt.

Ich schaue in dein schönes Gesicht und der Ausdruck in diesem Gesicht wechselt von ruhigem Schlaf hin zu purem Genuss.

Über deinen Bauch komme ich zu diesen süßen kleinen Hügeln. Frisches Öl auf meinen Händen macht das Gefühl noch stärker. Die kleinen harten Punkte in der Mitte reibe ich zwischen meinen Fingerspitzen.

Langsam beuge ich mich über dich und meine Lippen küssen dich ein erstes Mal an diesem Morgen. Deine Lippen erwidern sanft diesen Kuss, doch deine Augen bleiben geschlossen.

Ich schaue zu, was meine Hände tun, und kann gar nicht anders. Meine Lippen umschließen deine harten Knospen und saugen sanft. Ein zärtlicher Biss entlockt deinem Mund einen leisen Schrei. Ich beuge mich weiter hinunter und mein Mund nähert sich den feuchten Lippen zwischen deinen Schenkeln.

Ein sanfter Druck meiner Hände und deine Beine öffnen

sich ein wenig, sodass ich einen ersten Blick und Kuss auf weiche Lippen hauchen kann. Jetzt möchte ich alles sehen und berühren können. Deine schönen Beine spreizen sich und mein Gesicht verschwindet zwischen ihnen. Meine Lippen liegen nun fest auf den warmen feuchten Lippen zwischen deinen Schenkeln. Meine Zunge öffnet sie ein erstes Mal und der heiße Geschmack, auf den ich mich gefreut habe, verteilt sich auf meiner Zunge. Langsam lasse ich meine Zunge durch die Lippen gleiten und spiele mit der kleinen Perle. Ein Blick in dein Gesicht zeigt mir deinen Genuss.

Meine Zunge liebt dich nun so tief, wie sie kann, und ihre Bewegungen werden immer schneller.

Dein Körper spannt sich leicht und dein Unterleib kommt mir immer wieder entgegen.

Während ich dies alles tue, werde ich immer härter zwischen meinen Beinen. Ich knie mich zwischen deine Beine. Weit gespreizt liegen sie rechts und links neben mir. Ich schaue an mir hinunter. Hoch aufgerichtet, hart und steif steht mein nun großer Freund und zeigt auf deine feuchten Lippen. Mit einer Hand umfasse ich ihn und dirigiere ihn ganz nah heran an die Lippen, die ich eben noch geküsst und so intensiv geleckt habe. Ein leichter Druck und meine Spitze ist zwischen deine nassen Lippen geglitten.

Ganz langsam gleite ich immer tiefer, spüre, wie ich dich ganz ausfülle, und spüre es, wie sich deine Muskulatur fest um meine harte Männlichkeit schließt. Es ist warm und nass um meinen harten Schwanz herum. Langsam fange ich an, mich zu bewegen, und gleite heraus und wieder herein in deine nasse Muschi. Ein genießerisches Stöhnen kommt aus deinem Mund.

Dein Mund! Ich weiß um die heiße Erotik, wenn du mich mit deinen Lippen verwöhnst und ich will es jetzt. Ich gleite aus dir heraus und bewege meinen Körper in meine gewünschte Richtung. Du siehst mich nicht, weil deine Augen geschlossen bleiben.

Ganz sanft stößt meine Schwanzspitze an die Lippen deines Mundes. Er öffnet sich langsam und nimmt mich warm und feucht auf. Deine Zunge gleitet über meine dunkelrote Schwanzspitze.

Das ist so unglaublich intensiv und geil.

Deine Hände wollen nach mir greifen, aber ich drücke sie sanft zurück auf die Matratze. Nur genießen, genießen und noch mal genießen, das sollst du. Das ist es, was ich dir am heutigen Morgen geben möchte.

Ich bewege mich vorsichtig vor und zurück und deine Lippen drücken sanft zusammen. Nun spüre ich den vorsichtigen Biss und den süßen Schmerz, auf den ich gewartet habe. Ja, das ist es, wonach mein Körper sich gesehnt hat. Ich entziehe mich dir und gleite wieder zwischen deine Beine. Sanfter Druck an deinen Schenkeln und du weißt, was ich mir wünsche. Mit einer geschmeidigen Bewegung drehst du dich um und ich kann zum ersten Mal an diesem Morgen diesen heißen und supererotischen Po sehen. Öl auf meine Hände und ich fange an, ihn sanft zu kneten.

Für dich aus dem Nichts heraus lasse ich meine Handflächen kräftig auf dieses weiche feste Fleisch klatschen. Eine leichte Rötung entsteht und ich küsse die Stellen sofort und ganz liebevoll.

Die feuchten Lippen deiner nassen Muschi zittern voll Verlangen meinem harten Schwanz entgegen.

Mit einem tiefen kräftigen, aber doch sanften Stoß verschwindet er ganz zwischen den feuchten Lippen und ganz tief in dir spüre ich, dass ich in dieser Stellung fast anstoße.

Meine Bewegungen werden schneller und härter, bis ich

fühle, dass dein erster Orgasmus kommt. Alles zieht sich in dir zusammen und mein Schwanz wird von deinen Schamlippen fest umschlossen. Es ist so heiß und unglaublich geil, diesen Druck an meinem Schwanz zu spüren.

Dein Atem geht schneller und dein Stöhnen wird immer lauter.

Wieder willst du nach mir greifen und wieder drücke ich deine jetzt sehr kräftigen Arme in die Matratze. Du sollst genießen und ich möchte dich dabei sehen und genieße es dadurch genauso.

Ich halte mich an deinen Hüften fest und ziehe dich so bei jedem Stoß meiner Lenden auch immer ein wenig mir entgegen. Ich spüre die Kraft, die dein Körper hat, und wie du versuchst, diesen Moment, in dem alles andere egal ist, hinauszuzögern. Dann aber ergibst du dich der willenlosen Erregung und dein Body zuckt hin und her. So will ich es sehen und so will ich es spüren.

Ganz langsam fällt die Spannung von dir ab und tiefes Atmen zeugt von der süßen Erregung.

Meine Hände greifen wieder nach der Ölflasche und ich verteile davon eine große Menge auf deinem heißen Po. Ein Teil davon läuft auf meinen sich immer noch rein und raus bewegenden harten Schwanz und macht das Gleiten noch leichter und viel intensiver.

Den Rest des Öls massiere ich mit festem Druck auf deinem Po und Rücken.

Ich sehe auf das herab, was ich gerade tue, und meine erregte Fantasie hat noch einen Punkt entdeckt, den ich nicht nur berühren will.

Ein öliger Finger drückt ganz sanft an dem Eingang zu deinem Po. Ein erstes leichtes Krampfen zeigt mir, dass du weißt, was ich möchte. Ich sehe, wie sich dein Körper anfängt zu entspannen, und mein Finger gleitet wie von allein in dich hinein. Im Takt bewege ich mich nun doppelt in dir.

Jetzt möchte ich gern, dass du dich ganz tief entspannst und mein Schwanz gleitet aus dir heraus. Ein wenig höher spürst du jetzt meine Spitze an deinem Muskel, und du weißt, was jetzt kommt, wenn du es auch möchtest.

Durch das Öl geschmeidig gemacht, ist nur ein ganz vorsichtiger Druck nötig und meine harte, vom Öl und dem Saft deiner Muschi glitschig nasse Spitze verschwindet in dir.

Ich spüre, wie du dich entspannst, bin aber trotzdem ganz sanft und vorsichtig. Dieses enge Gefühl, wenn du deine Muskulatur anspannst, bringt mich fast um den Verstand. Immer tiefer gleite ich in dich hinein und auch jetzt bewege ich mich langsam vor und zurück. Dein süßer Po schwingt mir ganz vorsichtig entgegen und ich fühle, dass heute der Tag ist, sich auf diese Erotik einzulassen. Mit sanften, aber tiefen Stößen liebt mein Schwanz deinen süßen sexy Hintern.

Nun kann auch ich nicht mehr an mich halten, aber ich möchte es anders. Ich möchte nicht in dir kommen, nein.

Nachdem ich aus dir herausgeglitten bin, drehst du dich wieder um, sodass wir uns in die Augen sehen können. Ich nehme deine Hände, denn nun darfst auch du sie benutzen. Ich führe sie zu mir heran und sie schließen sich um meinen harten, nassen und pochenden Schwanz.

Nun mache auch ich die Augen zu, denn was nun kommt, weiß ich und ich freue mich darauf.

Mit festem Druck bewegen sich deine Hände immer schneller werdend an meinem harten Schwanz. Er glänzt noch vom Öl und dem Saft deiner Muschi und deine Hände können trotz festen Drucks sehr gut gleiten. Langsam fängt es tief in mir an zu brodeln und ich merke dies Ziehen und den Druck immer stärker werden.

Mit einem erlösenden Stöhnen spritzt es aus mir heraus. Mein Orgasmus kommt in Wellen kurz hintereinander. Über deinen flachen Bauch bis hinauf zu den kleinen Brüsten mit den steifen Nippeln spritzt es aus mir heraus. Ich bin so verrückt danach, mich dir so willenlos hinzugeben.

Langsam beuge ich mich über dich und mein Körper sinkt auf deinen. Unsere Haut berührt sich zum ersten Mal an diesem Morgen. Meine Haare lasse ich sanft über deine Brüste, mit den immer noch steifen Nippeln gleiten. Wie kleine Stromschläge elektrisiert es mich.

Deine Arme schließen sich um mich und ziehen mich ganz nah zu dir. Ich ergebe mich diesem Druck so gern.

Deine Finger greifen in die Muskulatur meines Rückens und die Nägel hinterlassen eine deutliche Spur. Fester! Viel fester!

Zwischen uns mischt sich, und unsere Haut spürt es warm und heiß, das Öl und mein heißer Samen.

Du ziehst mich immer näher zu dir und unsere Lippen berühren sich zu einem ganz langen und liebevollen Kuss.

Erschöpft sinken wir zurück in die Kissen, doch die Umarmung lösen wir nicht.

Zu schön ist dies Gefühl des Einsseins.

3. MännerTraum

Die Nacht bricht herein und ich schließe meine Augen. Meine Gedanken gehen wieder auf eine Reise. Auf eine Reise mit dir.

Ich sehe mich in meinem Schlafzimmer stehen und du bist ganz nah bei mir. In den Händen hältst du ein Tuch, welches du mir über die Augen bindest. Ich sehe nichts mehr, aber ich höre deine Stimme, die mir leise ins Ohr flüstert: »Genieß es einfach. Lass es geschehen, lass dich fallen.«

Deine Hände öffnen langsam die Knöpfe meines Hemds und ziehen es aus der Hose. Die gleichen Hände fahren ein erstes

Mal durch die Haare auf meiner Brust. Ich spüre deine Lippen an meinem Hals und kurze Zeit später spielt deine Zunge mit meinem Ohr. Wohlige Schauer durchziehen meinen Körper und ich spüre eine beginnende Enge. Dein Mund küsst sich abwärts und deine Lippen legen sich um meine Brustwarze. Ich weiß genau, was jetzt gleich kommt, und fiebere diesem geilen Schmerz entgegen. Er kommt nicht, aber ich weiß, du wirst es tun, ganz sicher. Finger gleiten über meinen Rücken und ich möchte am liebsten sagen: »Nimm die Fingernägel und fester.« Aber ich schweige, denn du weißt, was ich mag und ich werde es genießen können. Ich will geduldig sein, auch wenn es schwerfällt.

Der Gürtel meiner Hose öffnet sich und ich höre den Reißverschluss ratschen. Die Spannung, die da gewesen ist, lässt nach. Ich spüre den Stoff über die Haare an meinen Beinen gleiten und hebe einen Fuß nach dem anderen, um aus den Hosenbeinen zu steigen. Ich bin noch nicht nackt, denn ich spüre noch die Enge meines Slips.

Ich kann deine Blicke fühlen und ich hoffe, du magst, was du siehst.

Mit einem sanften Ruck ist auch der Slip von meinem Körper entfernt und ich spüre, dass mein Schwanz endlich nicht mehr eingeengt ist, sich langsam aufrichtet und sich dir entgegenstreckt.

Küss ihn bitte, ich denke es, denn sprechen will ich nicht.

Ja, ich fühle deine Lippen, endlich! Sie hauchen einen ersten Kuss auf meine weiche Spitze.

Ich fühle den Druck einer Hand und stelle mich etwas breitbeiniger hin. Dieselbe Hand fährt an dem Bein nach oben und berührt zum ersten Mal meine Bällchen. Sanfter Druck und vorsichtiges Spielen ist ein so geiles Gefühl.

Du darfst ruhig etwas fester zufassen.

Auf einmal sind alle Hände von meinem Körper verschwunden und ich höre dich aufstehen. Sanft schiebst du mich rückwärts und ich falle auf mein Bett. Ich rutsche etwas nach oben, damit ich ganz auf der Matratze liege, und entspanne mich.

Wo bleibst du?

Ich will mehr, will es sofort, aber es dauert. Du ziehst dich aus, das höre ich.

Beeil dich, ich will dich!

»Lass deine Arme liegen und deine Hände tun nichts!«

Das fällt mir so schwer, aber ich verspreche es dir in meinen Gedanken.

Da sind sie wieder, deine Hände. An meiner Brust, an den Beinen, im Gesicht, streicheln mich, sie sind einfach überall und es ist so wunderschön.

Und endlich der zärtliche Biss in meine Brustwarze, auf den ich vorhin schon so sehnlich gewartet habe. Wie ein Stromschlag zieht es durch meinen Körper und ich spüre wie hart und steif mein Schwanz zwischen meinen Beinen ist.

Und da sind auch deine Lippen wieder und nehmen ihn ganz feucht und warm auf. Der Druck einer deiner Hände und das feste Saugen sind Gefühle, die nicht erklärbar sind. Völlig irre, superheiß und es macht mich scharf, heiß, geil.

Zähne, bitte nimm sie, ist mein nächster Gedanke und jetzt brauche ich nicht zu warten.

Es ist so geil. Es ist so unglaublich schön. Ich spüre, wie es in mir anfängt zu kochen, aber du lässt im richtigen Moment von mir ab, bevor es nicht mehr aufzuhalten wäre.

Deine leise Stimme sagt mir ins Ohr: »Dreh dich um«, und ich folge dir so gern.

Ich liege noch nicht ganz, da fühle ich deine beiden Hände auf meinen Hintern klatschen. O ja, mehr, viel mehr. Auch ich mag es, genauso wie du. Und endlich spüre ich deine Finger wieder auf meinem Rücken und in meinen Haaren.

Fester, viel fester. Jaaaaaa, auch deine Nägel kratzen über die Haut meines Rückens. Hoffentlich spüre ich sie auch morgen noch dort. Fester!

Du drängst dich sanft zwischen meine Beine und ich öffne sie gern für dich. Etwas Kaltes tropft auf meinen Rücken und verteilt sich langsam.

Öl, o ja. Wir beide lieben es, denn es macht das Fühlen so intensiv. Mit beiden Händen ziehst du mich etwas nach oben und ich spüre, wie du mich haben möchtest. Ich knie mich hin und lege meinen Kopf im Kissen ab. Überall spüre ich nun deine öligen Hände. Sie massieren meinen Rücken, fahren an meinem Hintern herunter und greifen zwischen meinen Beinen hindurch. Wieder spielst du mit meinen Bällchen und auch so kannst du meinen Stab umfassen und ihn fest massieren.

Aber wo ist deine zweite Hand?

Ja, tu es! Sie gleitet zwischen meine Backen und ein Finger schiebt sich ganz vorsichtig in meinen Po.

Nur von dir möchte ich so verwöhnt werden. Du hast mir gezeigt, wie schön es ist, und dass ein Mann auch so genießen kann.

In mir zieht sich alles zusammen, um dieses Gefühl noch erregender zu machen.

Auf einmal ist alles weg. Keine Hände, kein Streicheln, nichts.

Ich fühle etwas Kaltes, wo eben noch dein Finger war. Du hast deinen kleinen Freund mitgebracht. Ich weiß nicht, was ich gleich fühlen werde, aber ich freue mich darauf.

Vorgestellt habe ich es mir schon, gewünscht auch und nun wird es passieren.

Sei vorsichtig. Völlig überflüssig, das zu denken. So sanft, wie du mit mir umgehst. Vertrauen, ich fühle nur noch tiefes Vertrauen zu dir. Und GIER! Gier, es zu erleben und Gier nach dir.

Eine Hand führt den kleinen Freund, der sich langsam immer tiefer in mich hineinschiebt, und die Zweite reibt mit kräftigem Druck meinen harten Schwanz.

Sanfte Vibrationen lassen meinen Unterleib vor Erregung zittern. Ich wusste vorher nicht, was ich in mir fühlen werde, aber es ist irre geil. Ich möchte kommen und du gibst mir diese Erleichterung. Mit einem nie gekannten Druck spritzt es aus mir heraus. Immer und immer wieder schütteln mich Wellen der Lust und du reibst mit sanftem Druck weiter. Völlig außer Atem lasse ich mich auf die Matratze sinken und höre deine Stimme wie durch Watte.

»Dreh dich um.«

Ich tue so gern, was du sagst, bin wie Wachs in deinen Händen.

Wieder spüre ich eine Menge Öl auf meinen Körper tropfen. Du musst viel nehmen, wegen der Haare, aber egal. Je mehr, desto besser.

Mein Schwanz und meine Bällchen werden nun sanft geknetet. Durch die sanfte Behandlung deiner öligen Hände richtet er sich wieder auf.

Ich hatte gehofft, es würde so kurz hintereinandergehen, denn auch ich möchte dir etwas geben.

Ich kann es auch schon wieder genießen, obwohl das Gefühl von eben sicherlich noch wirken wird.

Deine Zunge fährt über die ganze Länge meines Stabes auf und ab. Der zarte Biss in die nun wieder harte Spitze, ist wie der Biss in meine Brustwarzen, nur noch sehr viel intensiver.

Ich liebe diesen Schmerz. Er zieht durch den ganzen Körper und ich sehne mich nach mehr.

Du nimmst ein Bällchen nach dem anderen zwischen deine Lippen.

Ein wahnsinnsgeiles Gefühl, wenn sie aus deinen Lippen flutschen und du sie wieder einsaugst.

Jetzt ist der Moment gekommen, das erste Mal etwas zu sagen:

»Schlaf mit mir, bums mich, vögel mich, fick mich, aber tu es jetzt. Ich kann und will nicht mehr warten.«

Du setzt dich auf mich und ich spüre, wie deine kleine nasse Muschi sich über meinen harten Schwanz stülpt und ich tief in dich hineingleite. Ganz langsam senkst du dich auf mich hinab. Du bist unten angekommen, denn ich spüre deinen geilen Hintern direkt auf meinen Schenkeln. Ich fülle dich ganz aus und langsam fängst du an, deinen Traumpo zu bewegen.

Ich reiße mir die Augenbinde herunter. Ich will dich sehen, jetzt!

Jetzt ist auch der Moment für meine Hände. Ich kann und will nicht anders.

Sie umfassen diesen Traum von einem Po und auch du bekommst den Klaps auf jede Seite. Ich weiß, du magst es.

Immer schneller bewegt sich dein Po auf und ab. Deine süßen kleinen Brüste wippen im gleichen Takt auf und ab und ich kann es nicht mehr halten. Ich fasse deinen Po fester und stoppe deine Bewegungen.

Mein Atem geht schneller. Ich will noch nicht, aber ich kann es nicht mehr stoppen. Mit einer letzten Anstrengung verzögere ich es noch ein paar Sekunden, aber der Druck ist zu groß.

Ganz fest drücke ich dich auf mich, damit mein Schwanz so tief, wie es geht, in dir ist, und spritze in dich hinein. Ich hoffe, du spürst es. Für mich ist es ein Wahnsinnsgefühl.

Jetzt möchte ich, dass auch du diesen Punkt erreichst, den wir so gern fühlen. Du hast mich so weit weggeliebt, fliegen könnte nicht schöner sein. »Jetzt dreh du dich um!«

Die Wärme deines Körpers ist auf einmal weg, aber das macht nichts, ich komme sofort zu dir.

Ich beuge mich über dich und deine nassen Lippen nehmen meinen harten Schwanz in sich auf.

Langsam gleite ich wieder in dich hinein und ich fange an, dich mit sanften, aber kräftigen Stößen zu vögeln. Immer schneller werden meine Bewegungen und ich spüre diese verräterische Spannung in dir.

Dein Körper windet sich unter mir, aber es soll und wird kein Entrinnen geben.

Ja, komm, ich gebe es dir so gern. Ich spüre und höre es so gern, wenn dein Körper seinen Orgasmus erlebt. Lass es mich hören und sehen.

Komm ganz nah zu mir. Ich möchte die Wärme deiner Haut spüren. Küss mich.

Komm in meine Arme und lass mich nicht mehr los.

4. BootsTraum

Die Sonne lacht vom blauen Himmel und Tausende Menschen tummeln sich im Hafengebiet von Hamburg. Die Ausflugsboote legen im Halbstundentakt ab und sind bei jeder Fahrt gut gefüllt.

Du nimmst meine Hand und ziehst mich sanft in Richtung eines Schalters, um Karten zu kaufen.

»Ich möchte mit dir aufs Wasser.« Die Verkäuferin gibt uns zwei Karten für ein ganz besonderes Boot. »Es fährt nur für euch«, sagt sie mit einem Zwinkern.

Der Kapitän legt ab, sowie wir an Bord gegangen sind, und das kleine Boot bewegt sich schaukelnd vom Anlegesteg weg. Ich nehme dich in meine Arme und wir genießen das sanfte Schaukeln der kleinen Wellen.

Du sitzt vor mir und ich massiere mit beiden Händen deinen Nacken und deinen Rücken. Eigentlich stören mich nur dein

Shirt und der Verschluss deines BHs. Meine Hände gleiten unter dein Shirt und meine Finger öffnen den Verschluss. Ich streichele und massiere dich sanft weiter, während die Sonne in unsere Gesichter scheint und der Wellengang uns Frieden gibt.

»Sie sind hier völlig ungestört. Ich werde nur nach vorn auf meine Fahrtroute sehen. Das ist das Besondere an diesem Boot.«

Die Stimme des Kapitäns reißt uns aus unseren Träumen. Kaum hat er das gesagt, ist er auch schon wieder weg und schließt die Tür seines Ruderhauses. Es gibt kein Fenster in dieser Tür, und wir sind wieder völlig allein.

Meine Hände finden erneut den Weg unter dein Shirt, um deine weiche Haut zu streicheln. Meine Lippen küssen sanft deinen Nacken und ich beiße ganz liebevoll seitlich in deinen Hals. Die Gänsehaut, die ich bei dir sehen kann, kommt bestimmt nicht von den warmen Sonnenstrahlen. Sanft fasse ich um dich herum und meine Hände schieben sich unter den geöffneten BH. Ich fühle deine weichen Brüste und umschließe sie mit meinen Händen.

Kleine, aber harte Spitzen fühle ich in meinen Handflächen. Ich spiele zärtlich damit und kneife dich ganz vorsichtig. Dein Körper zuckt leicht zusammen und ich tue es gern wieder.

Die Sonne und deine Nähe lassen meinen Körper glühen. Mein Shirt muss weichen, und ich genieße den frischen Seewind auf meiner Haut.

Mein Blick geht zu der Tür, hinter der der Kapitän verschwunden ist. Ob er wohl wirklich nur nach vorn schaut und die Tür geschlossen bleibt?

Langsam schieben meine Hände auch dein Shirt über deinen Rücken nach oben. Beim geringsten Widerstand würde ich aufhören, aber ich spüre nichts. Mit dem Shirt verschwindet auch gleich dein BH über deinen Kopf und ich lege die Sachen griffbereit neben mich.

Ich rutsche ganz nah an dich heran und spüre auch durch die Haare meiner Brust dieses wunderbare Haut-an-Haut-Gefühl. Ich streichele mit den Haaren auf meiner Brust deinen Rücken, während meine Hände weiterhin deine süßen kleinen Brüste mit den harten Knospen streicheln und immer wieder sanft kneifen. Durch den kühlen Wind scheinen die Knospen noch härter und etwas größer geworden zu sein. Ich rutsche ein wenig zurück und dein Oberkörper liegt auf meinen Beinen.

Du blinzelst in die Sonne, während ich mich zu dir hinunterbeuge. Ich möchte sie liebkosen, eine nach der anderen. Meine Lippen küssen die weiche Haut deiner Brüste und finden auch die harten Knospen. Zärtliches Saugen daran und dann ein kleiner Biss lassen dich wie schon vorhin zusammenzucken. Es ist wie ein Stromschlag, ich weiß das, denn ich habe dies Gefühl auch schon so oft von dir bekommen und genießen dürfen.

Meine Hände streicheln deinen nackten Bauch und wandern über die Jeans hinweg zwischen deine leicht gespreizten Beine. Ich reibe vorsichtig über den Stoff, aber er ist zu fest, um etwas zu spüren.

Ich öffne den Gürtel deiner Jeans und kann nun mit einer Hand hineinschlüpfen. Ich spüre den Rand des kleinen Slips und auch unter den schiebt sich meine Hand. Da ist es, dieses weiche, heiße und feuchte Gefühl.

Es ist eng in der Jeans, aber mit einem Finger kann ich deine heißen Lippen teilen und vorsichtig in dich eintauchen. Ein leises Stöhnen entrinnt deiner Kehle und deine Augen schließen sich lustvoll.

Ich lasse den Finger ein paarmal tief eintauchen, bevor ich die Hand wieder aus der Jeans ziehe. Ich möchte dich schmecken. Ich nehme den Finger zwischen meine Lippen und sofort ist er da, dieser unvergleichliche heiße Geschmack.

Mein Blick wandert über deinen halb nackten Körper wieder hin zu der Tür, hinter der der Kapitän ist.

Ich bin sicher, er hält Wort. Ich lege dich vorsichtig auf die breite Sitzbank, stehe auf und schlüpfe aus meinen Schuhen. Ich öffne Gürtel und Knöpfe meiner Jeans. Sie rutscht über meine Beine nach unten und ich steige aus ihr heraus. Nackt und mit einem harten abstehenden Schwanz stehe ich vor dir. Deine Hände greifen nach mir. Eine knetet vorsichtig meine Bällchen und die andere reibt sanft an meinen Ständer auf und ab. Du ziehst mich immer näher zu dir und deine Lippen hauchen einen Kuss auf die weiche Spitze.

Es öffnen sich deine Lippen und ich schließe meine Augen. Ich weiß genau, was ich jetzt gleich fühlen werde.

Deine Lippen schließen sich um die weiche Spitze und der Druck deiner Hand sowie das erste kräftige Saugen ist ein unbeschreiblich geiles Gefühl und auch du scheinst den Worten des Kapitäns Glauben zu schenken.

Ich befreie mich sanft aus deinen Händen und deinen Lippen. Ich möchte dich nackt sehen, jetzt und hier. Deine Jeans leistet etwas Widerstand, aber ich bekomme sie ohne deine Hilfe über deine Beine gezogen. Nur noch in einem knappen Slip bekleidet liegst du mit geschlossenen Augen vor mir.

Ein letzter Blick zu der Tür des Steuerhauses. Sie ist und bleibt geschlossen, da bin ich sicher.

Ich ziehe sanft auch den Slip über deine Beine und du liegst, wunderschön anzusehen, nackt vor mir.

Du stehst auf und unsere Arme finden sich zu einer liebevollen Umarmung.

Nackt, Arm in Arm und die Lippen zu einem Kuss aufeinandergelegt, auf einem Ausflugsboot mitten im Hamburger Hafen. Der Wind weht um unsere aufgeheizten Körper. Die warme Sonne auf unserer Haut und das Schaukeln des Boots durch den leichten Wellengang geben uns einen innerlichen Frieden, der so unglaublich wertvoll ist.

Du drückst mich sanft aber bestimmt auf die Sitzfläche.

»Ich will nicht mehr warten. Ich will dich, jetzt und hier. Schlaf mit mir.«

Nur zu gern komme ich deinen Worten nach. Ich rutsche etwas weiter nach vorn, sodass mein harter Schwanz senkrecht nach oben absteht. Du kniest mit gespreizten Beinen über mir und senkst dich ganz langsam nach unten.

Wie von allein gleite ich in dich hinein und du verharrst einen Moment, als meine Spitze zwischen deinen Lippen verschwunden ist. Wie in Zeitlupe kommt dein Traumpo meinen Oberschenkeln näher und mein harter Ständer verschwindet immer tiefer in dir.

Unsere Arme sind um unsere Körper geschlungen und ich spüre nicht nur deine Wärme, sondern auch die harten Knospen deiner Brüste an meiner Brust.

Der Wellengang unterstützt deine Bewegungen und dein süßer Hintern klatscht immer wieder leicht auf meine Schenkel.

Mit beiden Händen fasse ich nun an diesen Traum von einem Hintern und unterstütze deine Bewegungen.

Schneller und schneller gleite ich zwischen deinen feuchten Lippen hin und her und es brodelt in meinem Unterleib.

»Lass mir einen Moment Pause. Ich will noch nicht.«

»Nein, mein Schatz. Ich will es in mir spüren, jetzt. Nicht denken, fühlen und genießen«.

Ich schließe meine Augen und der Druck in mir wächst immer weiter. Wie eine kleine Explosion ist das Gefühl, als der erste Strahl aus mir herausspritzt. Während ich noch genieße, merke ich, wie auch deine Muskulatur sich anspannt.

Es ist ein kräftiger Druck um meinen pulsierenden Schwanz und macht das Gleiten noch intensiver. Deine Hände auf meinem Rücken krallen sich mit den Nägeln tief in meine Haut und deiner Kehle entrinnt ein wohliges Stöhnen. Nicht laut, denn der Kapitän soll uns nicht hören, aber dein Mund ist so nah an meinem Ohr, das ich es deutlich höre.

Du hast aufgehört, dich zu bewegen und wir verharren still und genießen die langsam abklingenden Wellen der Lust.

Die Arme um uns geschlungen, sitzen wir regungslos da und Zeit hat in diesem Moment keine Bedeutung für uns.

»In zehn Minuten legen wir an.« Die Stimme des Kapitäns aus dem Lautsprecher reißt uns aus unseren Träumen.

Ich will mich nicht von dir lösen. Eine Minute noch, nur noch ein paar Sekunden.

Aus dem Augenwinkel sehe ich den Anleger auf uns zukommen.

»Schnell mein Engel, sonst haben alle anderen auch noch etwas davon.«

In Windeseile sind wir in unseren Klamotten und als das Schiff anlegt, sitzen wir beide wieder ganz brav auf der Sitzbank.

Der Kapitän kommt aus seinem Steuerhaus und macht das Boot fest.

»Fahren sie bald mal wieder mit uns!«

Mit einem Dankeschön für die schöne Fahrt verabschieden wir uns von unserem Kapitän.

Als wir über die Reling steigen, kommt uns ein Pärchen entgegen. Wir schauen sie wissend an und mit einem Lächeln auf unseren Lippen wünschen wir ihnen viel Spaß bei der Hafenrundfahrt. Sie werden nicht viel zu sehen bekommen, wenn sie genauso viel Vertrauen zu dem Kapitän haben wie wir. Aber sie werden um eine unglaublich schöne Erfahrung reicher sein.

Auch die Kartenverkäuferin lächelt uns zum Abschied freundlich an.

Sie weiß es, sie sieht es uns an!

Wir lächeln beide freundlich zurück.

Ein Blick über unsere Schultern zurück aufs Wasser zeigt uns unser Boot. Es fährt leicht schaukelnd vom Anleger in Richtung Hafen. Das Pärchen steht mit inniger Umarmung an Deck und seine Hände wandern gerade unter ihrem Shirt.

5. AutoTraum

Das endlos weiße Band der Fahrbahnmarkierung will und will nicht aufhören. Ich bin unterwegs, um dich nach Hause zu bringen. Das Konzert, das wir gesehen und gehört haben, war der absolute Hammer. Rockmusik vom Feinsten, hart laut und ab und zu melodisch sanft.

Nun sind wir auf der Rückfahrt und du liegst im Ledersitz auf der Beifahrerseite. Du hast die Lehne des Sitzes zurückgedreht und dein Kopf ruht auf einem Kissen. Du bist vom gleichmäßigen Geräusch des großen Motors eingeschlafen. Ich sehe in dein Gesicht und erkenne die friedliche Ruhe deines Schlafs.

Mein Blick gleitet an dir herab und ich kann in die etwas geöffnete Bluse schauen. Ich sehe die Ansätze deiner Brüste und eine dieser dunkelroten Knospen blitzt aus dem weißen BH hervor.

Leider muss ich mich auf den Verkehr konzentrieren und kann den Anblick nicht voll genießen.

Du änderst deine Liegeposition und dein kurzes Kleid rutscht über deine schönen Beine nach oben. Der weiße Slip, der genau zu dem BH passt, blitzt genauso hervor wie der BH eben. Ich weiß genau, wie supersexy er an dir aussieht, und ich weiß auch, welch wunderschönen weichen Teil deines Körpers er bedeckt.

So kann ich nicht weiterfahren. Meine Gedanken spielen verrückt und in meinem Schoß wird mir meine Jeans zu eng.

Mein noch kleiner Freund fängt an sich zu vergrößern, denn die Gedanken an deinen Körper lassen ihn immer sofort reagieren und steif werden. Im Moment kann er das nicht, weil die Jeans und die Sitzposition ihm keine Entfaltungsmöglichkeiten geben.

Ich schaue durch die Windschutzscheibe und sehe ein blaues Schild mit einem großen weißen P darauf. Ja, das ist es. Ich werde vorsichtig langsamer und biege, ohne zu blinken, ab. Kein unbekanntes Geräusch soll dich wecken, denn das möchte ich auf eine Weise tun, die gerade in meinen Gedanken entstanden ist.

Ich parke den Wagen in einer Parkbucht, die weit ab und schlecht beleuchtet ist. Niemand soll uns sehen, ich möchte mit dir allein sein. Ich bremse ganz sanft, halte an und stelle den Motor ab.

Du bist noch nicht wach geworden, und das ist gut so. Ich möchte diesen Anblick noch ein bisschen genießen. Du rekelst dich im Sitz hin und her und rutscht dabei etwas tiefer.

Ob es wohl klappt? Ich greife ganz vorsichtig an die Gummikanten deines Slips und ziehe ihn ganz langsam und sanft über deinen supersexy, megascharfen, geilen Po. Ich schaffe es, ihn dir über deine Beine bis zu den nackten Zehen zu schieben. Ein Fuß hebt sich, während du deine Liegeposition etwas veränderst.

Zufall? Schnell streife ich den Slip über den Fuß. Ich schaue wieder zu dir hoch und sehe immer noch dein schlafendes Gesicht.

Schläfst du wirklich? Ich weiß es nicht, aber wenn nicht, dann genießt du und gönnst mir die Freude, die ich jetzt habe.

Bei meinem Blick nach oben haben meine Augen auch diese weichen Lippen gesehen, die eben noch dein Slip verdeckt hat.

Mein Blick wendet sich von deinem schönen Gesicht wieder zu diesen Lippen. Ich beuge mich herunter und lege meinen

Mund auf deine warme weiche Muschi. Alle meine Sinne werden in diesem Moment von einer Wahnsinnserregung erfasst.

Ich rieche deinen erotischen Duft.

Ich fühle diese unglaubliche Weichheit.

Ich sehe diese schönen Lippen und ein erster Hauch deines Geschmacks legt sich auf meine Lippen.

Davon will ich mehr und nun will ich dich auch wecken. Meine Zunge teilt diese weichen warmen Lippen und fährt ein erstes Mal tief durch deine feuchte Muschi. Ganz langsam und ich fühle am Ende die kleine Perle.

Für meine Geschmacksnerven eine kleine Explosion. Ich bin verrückt danach, ich schmecke dich so gern. Wieder und wieder lecke ich durch die nun immer feuchter werdenden Lippen.

So, genau so, wollte ich dich wecken und deine Reaktion zeigt mir, dass du gegen diese Art des Aufwachens nichts einzuwenden hast. Deine Hände greifen in meine Haare und halten meinen Kopf fest. Sie drücken mich fest an deinen Unterleib, sodass ich nicht aufhören kann, dich mit meinem Mund zu berühren.

Will ich auch gar nicht, keinesfalls. Zu heiß, zu scharf, zu geil ist es, dir so nah zu sein und mit meiner Zunge tief in deine Muschi einzutauchen.

Mit meinen Fingern ziehe ich vorsichtig deine Schamlippen auseinander und sehe das feuchte, weiche rosafarbene zweite paar Lippen mit der kleinen harten Perle an ihrem Anfang.

Bisher konnte ich sie nicht sehen, sondern nur mit meiner Zunge fühlen. Tief tauche ich nun mit meiner Zunge in dich ein und meine Finger spielen an der hervorstehenden kleinen Perle.

Deine Hände sind immer noch in meinen Haaren und ich muss deinem kräftigen Ziehen nachgeben.

Du ziehst mich zu dir herauf und dein Mund ist ganz nah an meinem Ohr. »Schlaf mit mir, jetzt und hier.«

Ohne dich weiter auszuziehen krabbelst du auf die Rückbank des Wagens und als du dich an mir vorbeibewegst, ist da nur noch dein geiler Po in meinem Blickfeld. Ich kann gar nicht anders und ein kräftiger Klaps trifft den strammen Hintern.

Ich schiebe den Beifahrersitz nach vorn und auch meinen Fahrersitz stelle ich so weit nach vorn, wie es geht. Ich steige aus und öffne die hintere Tür. Der Anblick, der sich meinen Augen bietet, könnte schärfer nicht sein. Du liegst auf dem Rücken und deine Beine sind so weit gespreizt, wie es die Enge des Wagens zulässt. Sanft rosa schimmert deine feuchte Muschi. Du hältst sie selbst mit deinen Fingern offen und reibst an der kleinen Perle.

»Beeil dich, oder muss ich alles allein machen?«

Mein T-Shirt fliegt von meinem Körper. Ich öffne meine Jeans und ziehe sie mit samt Slip herunter. Endlich, der Druck in der engen Jeans ist weg und mein Schwanz ist in sekundenschnelle hart und steif.

Du willst nicht warten und ich schon gar nicht. Ich beuge mich über dich und meine Hand führt die dunkelrote Schwanzspitze direkt vor deine geöffnete Muschi. Das erste Berühren will ich vorsichtig machen, denn ich weiß um dies geile Gefühl des ersten Eintauchens. Deine nassen Lippen schließen sich um meine Spitze und mit einem tiefen Stoß bin ich in dir. Jetzt haben auch deine Hände keinen Platz mehr, selbst an dir zu spielen. Spiel lieber an mir, denke ich. Kaum habe ich dies gedacht, spüre ich sie. Eine an meinem Rücken und scharfe Fingernägel kratzen über die Haut – Stromschläge im Sekundentakt. Die zweite greift durch meine Beine nach meinem Bällchen. Deine Finger spielen mit ihnen und kneten sie sanft. So dermaßen erregt und durch die Bewegungen in dir, kann ich es in dieser Stellung nicht lange aufhalten und es kommt mir tief in dir drin.

Leider viel zu schnell, aber ich höre trotzdem nicht auf

dich zu vögeln, denn ich möchte, dass auch du diesen Punkt erlebst, der so anspannend und gleichzeitig so erlösend ist.

Es ist so unglaublich nass in dir und das Gleiten geht wie von allein. Ich spüre das Zittern, das deinen Körper sanft beben lässt und weiß, jetzt ist es auch bei dir so weit. Du schließt deine Augen und konzentrierst dich auf den Moment. Genieß es, pur und mit allen Sinnen, denn ich gebe dir diese Momente so gern.

Deine Anspannung löst sich und du ziehst mich mit beiden Armen zu dir. Erst jetzt küssen wir uns liebevoll und sanft.

In deinen Armen auf dem kühlen Leder der Rückbank zu liegen, die Entspannung zu spüren und die körperliche Nähe in vollen Zügen zu genießen. Das ist es, was ich mir gewünscht habe, als ich den ersten Blick auf meinen schlafenden Engel geworfen habe.

6. WiesenTraum

Die Sonne scheint durch die Ritzen der geschlossenen Jalousie und kitzelt meine Augen. Ich schaue auf den Wecker und es ist schon spät. Das Öffnen der Jalousie bringt die Helligkeit des Morgens und die Wärme der Sonne streichelt meinen nackten Körper.

Ich genieße es einen Moment und träume dabei, dass es deine Hände und Lippen sind, die meinen Körper streicheln.

Wir sind verabredet und ich freue mich schon sehr deinen Körper in meinem Rücken spüren zu können. Sich den Wind um die Nase wehen zu lassen und dich dabei durchgehend zu spüren, ist die Freiheit, nach der ich mich sehne und die ich so sehr genieße.

Meinen frisch geduschten Körper in Leder zu kleiden und mich abfahrbereit zu machen dauert nicht lang, aber ich habe die Zeit mir vorzustellen, wie du gerade das Gleiche tust.

Die Decke und Getränke in den Rucksack, alles verstauen und schon springt der Vierzylinder mit lautem Brummen an.

Die letzte Kurve, ich stehe vor deiner Tür. Du bist fertig und wartest schon auf mich. Es ist ein so geiler Anblick, diesen scharfen Hintern in Leder gekleidet zu sehen. Der erste Kuss an diesem Morgen ist so liebevoll und sanft. Es werden weitere folgen an diesem Tag, da bin ich sicher, und es werden stürmische, fordernde und superheiße dabei sein.

Ich setze mich auf mein Bike und starte den Motor wieder und da ist es. Das Gefühl, auf das ich mich gefreut habe. Du sitzt hinter mir und deine Arme legen sich um mich. Ich spüre selbst durch die Lederjacke deine kleinen festen Brüste und die Wärme, die mir deine Umarmung gibt.

Ich gebe Gas und das Bike fliegt förmlich davon.

Die ersten Kurven wie immer etwas ungewohnt, aber du gehst wunderbar mit und so fliegen wir Kilometer um Kilometer über die Landstraße und genießen jede Kurve.

Deine Arme sind um mich geschlungen und deine Hände halten sich wie immer an meiner Jacke fest. Wenn wir langsam cruisen, liegen sie locker auf meinen Oberschenkeln und ich glaube deine Wärme durch das Leder zu spüren. Ich spüre, wie sie mich streicheln und plötzlich deinen Griff und den sanften Druck zwischen meinen Beinen.

Ich kann deine Stimme nicht hören, denn der Wind um unsere Helme ist zu laut. Du hast auch gar nichts gesagt, aber ich kann deine Gedanken fühlen und hören.

»Liebe mich. Ich möchte deine nackte Haut spüren. Schlaf mit mir. Ich möchte dich in mir fühlen. Jetzt!«

Das sind die Gedanken, die ich von dir höre und fühle, während deine Hände meinen Unterleib sanft durch das Leder hindurch massieren.

Mein Blick sucht durch das Visier meines Helms einen Weg, der uns die Einsamkeit beschert, die wir brauchen.

Das enge Leder meiner Hose gibt meinem kleinen Freund

wenige Möglichkeiten, sich zu vergrößern, aber ich spüre, wie das Blut in ihn fließt und die Enge schmerzt leicht.

Ich muss beide Hände am Lenker haben und würde doch so gern auch meine Hände an deinem Körper spielen lassen.

In einem Waldstück sehe ich einen befestigten Weg, der ins Nichts des Waldes führt. Ich bremse, biege ein und folge ihm. Der Weg geht bergauf und ist so befestigt, dass ich vorsichtig fahren kann, und wird immer schmaler, je höher wir kommen. Am Ende des Weges öffnet sich der Wald zu einer Lichtung.

Das Sonnenlicht beleuchtet das saftige Grün des hoch gewachsenen Grases und es riecht nach Wald und dem frischen Gras.

Ich halte an und stelle den Motor ab. Einen Platz wie diesen habe ich gesucht.

Deine Hände lösen sich von mir und du steigst vom Bike. Ich stelle die Maschine auf den Ständer und stelle mich neben dich.

Meine Hand berührt diesen geilen, in Leder gekleideten Hintern. Mit der anderen drehe ich dich zu mir herum. Durch das Visier erkenne ich deine schönen Augen. Sie lächeln mich an und ich sehe die Lust in ihnen. Ich setze den Helm ab und hänge ihn an mein Bike. Als ich mich wieder umdrehe, kann ich in dein schönes Gesicht sehen, denn auch du hast deinen Helm abgesetzt. Ich kann und will nicht warten. Mit einem kräftigen Ruck ziehe ich dich in meine Arme. Mein Mund presst sich auf deinen. Ich küsse dich leidenschaftlich und wild. Meine Zunge will deine spüren und schiebt sich sanft durch deine Lippen. Dein Widerstand ist nur von kurzer Dauer und ich spüre, dass du es genauso willst wie ich. Unsere Zungenspitzen spielen feucht miteinander und du beißt sanft zu und hältst mich mit deinen Zähnen fest.

Ohne mich von deinen Lippen zu lösen, ziehe ich die schwere Lederjacke aus und lasse sie einfach fallen. Nun kommt deine Jacke an die Reihe und auch sie weicht, ohne dass wir aufhören, uns zu küssen.

Ich hole die Decke, die sich im Tankrucksack befindet, und breite sie im Sonnenschein, mitten auf der Lichtung aus. Mein Blick zu dir, nachdem ich damit fertig bin, verschlägt mir fast den Atem. In der kurzen Zeit hast du dich bis auf den knappen Slip ausgezogen und stehst, so wunderschön anzusehen, fast nackt im warmen Sonnenlicht vor mir. Deine Haut schimmert bronzefarben im hellen Licht und du lässt dich auf die Decke sinken.

Du versinkst mit Decke im hohen Gras und der Anblick, der sich mir bietet, ist zu schön, um wahr zu sein. Doch es ist wahr.

»Willst du da noch lange stehen oder möchtest du dich vielleicht auch hinlegen. Ich würde dir etwas Platz machen.«

Deine Stimme holt mich aus der Starre und ich beeile mich, aus meinen Lederklamotten zu kommen. Im Gegensatz zu dir habe ich auch den Slip ausgezogen und stehe nackt vor dir.

»Nicht bewegen, schöner Mann. Dies Bild will ich noch einen Augenblick genießen.«

Ich stehe vor dir und erfülle dir deinen Wunsch. Die Sonne blendet mich ein wenig und ich schließe die Augen. Ich weiß, ich werde sie auch vorerst nicht öffnen, denn wenn ich genieße, tue ich das am liebsten mit geschlossenen Augen.

Ich höre, dass du dich bewegst und dann spüre ich, wie sich deine Hände sanft an meinen Körper legen. Sie streicheln mich von den Beinen an aufwärts.

Als deine Hände an meinem Hintern angekommen sind, küsst du meinen erregten Schwanz ein erstes Mal.

Ich weiß, ohne zu schauen, dass du auf den Knien bist und meine Hände suchen deinen Kopf, um durch deine Haare fahren zu können.

Ich fühle, wie sich deine geöffneten Lippen über die weiche Spitze schieben und wie meinen Schwanz immer tiefer zwischen deine Lippen gleitet.

»Nimm deine Zähne bitte, es macht mich so unglaublich scharf, sie an meinem Schwanz zu spüren.«

Ich habe den Wunsch noch nicht ganz ausgesprochen, da erfüllst du ihn mir schon. Es ist wie ein Stromschlag und er zieht durch meinen ganzen Körper, als du sanft in die Schwanzspitze beißt und sie mit den Zähnen festhältst.

Der kräftige Druck deiner Hände an meinen Schwanz und an meinen Bällchen, bringt mich fast um vor Geilheit. Ich spüre, wie es tief in mir anfängt. Dies Ziehen, das in einer kleinen Explosion endet.

Ich will aber noch nicht und so entziehe ich mich dir – sanft, aber bestimmt.

Ich trete einen Schritt zurück und schaue dir zu, wie du dich langsam auf den Rücken sinken lässt. Jede Bewegung dieses wunderschönen Körpers ist ein Genuss für meine Augen.

Ich sehe dich immer so gern an, aber dich nackt vor mir zu sehen, ist ein Glück, das ich oft nicht glauben kann.

Auf dem Rücken liegend ziehst du deine Beine an. Den weißen Slip ziehst du ganz langsam über die heißen Rundungen deines Hinterns und mit einer eleganten Bewegung eines Beins fliegt er davon. Immer noch in der Luft, spreizen sich deine Beine ganz langsam und geben den Blick frei auf die im Sonnenlicht feucht glänzenden Lippen zwischen deinen Schenkeln. Immer weiter öffnen sich deine Beine und die Lippen öffnen sich mit. Zart rosa schimmernd wölbt sich das weiche Fleisch deiner Muschi mir entgegen und mir verschlägt es fast den Atem bei diesem geilen Anblick.

»Ich möchte dich spüren, jetzt. Schlaf mit mir. Lass mich nicht so lange warten.«

Ich knie mich zwischen deine weit geöffneten Schenkel. Meine Erregung ist noch zu groß, das spüre ich. Ich würde viel zu schnell meinen heißen Samen in dich spritzen, wenn ich jetzt sofort zwischen deine nassen Lippen gleiten würde.

Außerdem habe ich noch nicht den so geliebten Geschmack auf meiner Zunge. Ich beuge mich tief herunter und meine Zunge gleitet durch die weit geöffnete Muschi.

Das will ich! Das liebe ich! Das will ich schmecken!

Du versuchst, mich zu dir hochzuziehen, aber ich nehme deine Arme und drücke sie liebevoll an die Seite.

Widerstand! Ein kleines Kämpfchen! Das kannst du haben!

Ich muss mich anstrengen, das gebe ich zu, aber ich nehme meine Zunge nicht zwischen deinen nassen Lippen weg. Nein, im Gegenteil. Ich reize deine kleine harte Perle mit schnellen heftigen Zungenschlägen.

Ich weiß, dein Widerstand wird gleich weniger werden und du wirst dich der Lust hingeben. Ich werde diesen kleinen Schlagabtausch gewinnen, denn du kannst meiner Zunge nicht lange widerstehen.

Ein wohliges Stöhnen aus deinem Mund und das Zittern deines Körpers geben mir recht und ich muss deine Arme nicht mehr festhalten.

Aber ich will es ja auch und meine Erregung ist abgeklungen, sodass ich dich jetzt vögeln möchte. Ich rutsche mit meinem ganzen Körper zu dir hoch, sodass meine Brusthaare über deinen ganzen Körper gleiten. Ich küsse dich auf deine Traumlippen, spüre aber, dass du mir etwas sagen möchtest.

»Ich liebe es, wenn du meine kleine Eva mit deiner Zunge verwöhnst, aber wenn du mir jetzt nicht sofort deinen harten Schwanz in meine Muschi steckst und mich vögelst, werde ich verrückt.«

Nichts tue ich lieber.

Ich knie mich wieder hin, denn ich will es sehen. Will sehen, wie ich in dich hineingleite. Will sehen wie sich deine nass glänzenden Lippen um mich schließen. Meine Hand führt die rote Spitze an die weichen Lippen. Ein sanfter Stoß und sie ist in dir verschwunden.

»Tiefer, ich will dich ganz tief in mir spüren.«

Ich folge deinem Wunsch so gern.

Bei jeder Bewegung sehe ich deine Lippen mitgehen. Es sieht so aus und fühlt sich auch so an, als wenn sie meinen Schwanz nicht hergeben wollen. Du musst das auch einmal sehen. Ein absolut geiler Anblick.

»Schneller, tiefer, fick mich härter.«

Meine Hände wandern unter deinen geilen Hintern und heben ihn etwas nach oben, damit ich noch tiefer in dich eindringen kann. Und meine Bewegungen werden schneller und härter.

Der Beutel mit meinen Bällchen trifft bei jedem Stoß auf deinen heißen Hintern und ich fühle, wie ich in dir fast anstoße.

Es hört uns hier niemand und so können wir unsere Lust auch laut herausschreien.

Deine Muschi zieht sich fest zusammen, als ein Orgasmus deinen Körper zucken lässt.

Ohne dir eine Pause zu gönnen, gleitet mein harter Schwanz immer wieder in dich hinein, denn einen Orgasmus bei dir zu sehen und zu fühlen reicht mir nicht.

Durch die Kraft deiner Muskulatur und die gleitenden Bewegungen in dir, kann ich es nun auch bei mir nicht mehr aufhalten. Und ich will es auch gar nicht mehr. Zu geil ist das Gefühl, mit dir und in dir zu kommen.

»Spür mich, ich komme.«

Den letzten Stoß meines Schwanzes stoppe ich so tief in dir, wie ich kann und während die Wellen meines Orgasmus' es so feucht und glitschig warm in dir werden lassen, spüre und höre ich, wie ein zweiter Höhepunkt deinen Körper sich winden lässt.

Völlig außer Atem richte ich mich langsam auf, aber deine Hände ziehen mich wieder zu dir.

»Bleib so, bleib tief in mir. Wag es bloß nicht, zu verschwinden!«

Das ist auch nicht mein Wunsch, aber ich weiß, dass mein Schwanz gleich weicher wird und so drehe ich dich um und du kannst auf mir sitzen. Ich komme mit meinem Oberkörper hoch und wir können uns in die Arme nehmen und während wir uns küssen, tief in die Augen sehen.

Wie lange wir so gesessen haben, weiß ich nicht und es ist uns auch völlig egal.

Zeit spielt keine Rolle, wenn wir uns lieben. Das Glück des Moments ist es, was wir geben und nehmen wollen.

Du rollst dich von mir hinunter und kuschelst dich ganz eng an mich.

Die Sonne scheint immer noch und spiegelt sich in unseren verschwitzten Körpern. Wir genießen die Ruhe und die Entspannung, die unsere Körper jetzt haben, bevor wir uns wieder auf den Weg machen.

Liebe unter freiem Himmel im Licht der Sonne und in ihrer Wärme,

Sex, heiß und wild, wo immer es uns gefällt.

Ich liebe unsere Freiheit.

7. DuschTraum

Draußen ist es noch dunkel und ich erwache vom leisen Plätschern aus dem Badezimmer. Meine Hand sucht unter der warmen Decke, die neben mir liegt, nach deinem schönen Körper. Ich beginne den Morgen so gern damit, dich zu berühren. Das Bett ist noch warm und es riecht nach dir, aber du bist nicht da.

Ich lege mein Gesicht in das Kissen, auf dem du eben noch gelegen hast. Ich atme deinen Geruch tief ein und genieße ihn mit geschlossenen Augen, solange er noch nicht verflogen ist.

Da ist es wieder, dass leise Plätschern aus dem Badezimmer, von dem ich wach geworden bin, und ich weiß, wo du bist.

Ich schlage die Bettdecke zur Seite und stehe auf. Nackt, so wie ich immer schlafe, gehe ich auf die Badezimmertür zu. Leise öffne ich die Tür. Ich möchte dir zusehen, ohne dass du mich siehst.

Nebelschwaden aus heißem Wasserdampf kommen mir entgegen, und ich sehe dich im Nebel durch die vom Wasserdampf beschlagene Scheibe. Ohne mich zu bewegen, genieße ich, was ich sehe. Ich möchte dich nicht erschrecken, aber zu schön ist dein Anblick, um mir den Augenblick entgehen zu lassen.

Im weichen Rotlicht der Deckenbeleuchtung sehe ich die wunderschönen Kurven deines Körpers. Die kleinen festen Brüste, von denen die Nippel hart und fest abstehen. Der geraden Rücken mit der schlanken Taille endet da, wo dieser hammergeile Po beginnt. Eine Rundung wie gemalt und in dieser Proportion genau richtig.

Ich weiß jetzt schon um dieses geile und supererotische Gefühl, wenn ich ihn gleich mit beiden Händen anfassen und sanft kneten darf.

Das Licht wechselt von weichem Rot zu kaltem Blau und ich sehe deine Hände an diesem Traum von einem Body entlangstreichen und ich wäre jetzt gern der Schaum des Duschgels, der sich in leichten Luftblasen über deinen Körper verteilen darf.

Plötzlich, mitten in meiner geträumten Fantasie, klingt deine Stimme an mein Ohr.

»Willst du noch lange da stehen, oder kommst du endlich zu mir?«

Du hast mich gesehen und nichts gesagt. Mir die Augenblicke gegönnt, dir zusehen zu können.

Langsam gehe ich zu dir und dein Blick gleitet an meinem nackten Körper entlang.

Mit einem leisen Lächeln und den Blick auf meinen Unterleib gerichtet hauchst du mir ins Ohr: »Da ist ja schon jemand aufgewacht.«

Eine Hand greift an meinen prächtigen Ständer, schüttelt ihn sanft und immer noch lächelnd sagst du »Guten Morgen mein Großer«.

Ich liebe diesen Humor, aber noch mehr liebe ich es, wenn deine Hände meinem Körper berühren.

Ich nehme dich ein erstes Mal an diesem Morgen in meine Arme und spüre die weiche, vom heißen Wasser, aufgewärmte Haut. Unsere Lippen finden sich zu einem langen Kuss. Es gibt keine weicheren Lippen als deine und das Spiel unserer Zungen jagt mir wohlige Schauer über den Rücken.

Meine Arme sind um dich geschlungen und ich ziehe dich ganz nah zu mir heran. Ich spüre die harten Nippel deiner Brüste an mir. Ich werde sie gleich mit meinen Lippen umschließen und sanft an ihnen saugen.

Erst möchte ich IHN aber in meine Hände nehmen. Sie gleiten an deinem Rücken herunter und finden, was sie suchen. Es ist jedes Mal aufs Neue wieder ein geiles Gefühl, diesen superscharfen Po zu umfassen und ihn sanft zu kneten.

Ich schließe meine Augen, um mich nur auf dieses pure erotische Gefühl konzentrieren zu können.

Das Wasser aus der Dusche, das über deinen Körper fließt, wird erst durch dich so heiß, dass ich mich fast daran verbrenne.

Deine Arme sind genauso um mich geschlungen und deine Hände massieren meinen Rücken und gleiten mir durch das nasse Haar. Kräftig fahren deine Finger über meine Haut

und da ist es, das Kratzen deiner starken Nägel. Es gibt kein Entrinnen und ich will es auch gar nicht. Ich liebe diese Kraft und das leicht schmerzende Gefühl auf der Haut.

Sanft löst du dich von mir und trittst einen kleinen Schritt zurück. Deine Hand dreht den Duschkopf etwas zur Seite, damit ich nicht mehr im Strahl stehe und ich regele das Licht so ein, dass nur noch ein sanftes Rot deinen Körper beleuchtet.

Aus der Flasche mit Duschgel verteilst du eine große Portion davon auf meiner Brust.

Kräftiges Rubbeln erzeugt eine unglaubliche Menge Schaum. Überall an meinem Körper sind deine Hände und streicheln mich mit dem weichen Schaum. Nur meinen harten Schwanz lässt du aus und ich weiß auch sofort, warum. Du setzt dich vor mich auf den gemauerten Sitz der Dusche und ich weiß, was jetzt passiert.

Ich wasche den Schaum von meinem Körper, damit er dich nicht stören kann, und dann spüre ich sie auch schon. Deine Lippen schließen sich ganz sanft um die harte Spitze meines Schwanzes.

Ein erstes kräftiges Saugen und der harte Druck einer deiner Hände sind genau das, was ich so gern fühle. Deine Lippen bewegen sich fest geschlossen auf und ab und deine Zähne kratzen vorsichtig über den Rand der prall gefüllten Eichel.

Eine deiner Hände spielt sanft mit meinen Eiern und rollt sie vorsichtig zwischen den Fingern hin und her. Die andere greift um mich herum und gibt mir einen kräftigen Schlag auf meinen Hintern. Mehr, viel mehr davon und fester, viel fester.

Deine Lippen öffnen sich und deine Zunge fährt über die ganze Länge meines harten Stabs. Ich warte sehnsüchtig auf das Gefühl, was gleich hoffentlich kommt.

Ja, du tust es und es zu spüren ist so unglaublich geil. Meine Bällchen zwischen deinen Lippen und das sanfte Spiel mit ihnen, bringen mich fast um den Verstand.

Mit geschlossenen Augen lehne ich an den warmen Fliesen und lasse geschehen, was mit mir passiert.

Deine Lippen schließen sich wieder um meinen harten Schwanz und die Bewegung deiner Hand wird immer schneller. In mir fängt es an, warm zu werden, und alles zieht sich zusammen.

Immer kräftiger wird der Druck deiner Hand und immer schneller werden deine Bewegungen.

Dazu deine Zähne, die mal sanft und mal fester in die harte Spitze beißen.

In mir kocht es immer heißer und ich kann und will es nicht mehr aufhalten. In kurzen, aber heftigen Wellen kommt es mir und weißer Saft spritzt aus meiner Schwanzspitze hervor.

Bitte reib ihn weiter. Er ist jetzt so unglaublich empfindlich und ich kann es kaum aushalten, aber es ist so höllisch scharf. Fast tut es weh, aber es ist ein geiler Schmerz.

Mein Saft macht ihn so schön glitschig und da sind deine Lippen wieder, die sich ganz liebevoll um ihn schließen. Ich weiß nicht, wie ich schmecke, denn ich kenne nur deinen oder unseren gemeinsamen Geschmack, aber ich hoffe, es ist für dich genauso schön wie für mich.

Ich ziehe dich mit meinen Händen wieder nach oben, nehme dich wieder in meine Arme und küsse dich mit Spiel unserer Zungen. Du schmeckst anders als sonst. Eine Mischung aus dir und mir.

Keinen Millimeter Platz möchte ich zwischen unseren Körpern haben. Nichts soll dieses Gefühl stören.

Nur mein erschlaffender Schwanz ist zwischen uns und ich fühle mit ihm die Lippen deiner weichen warmen Lady. Ich möchte diese Lippen küssen, jetzt.

Ich löse mich von deinem Mund, auch wenn das schwerfällt, und auch meine Hände machen sich auf den Weg zu den beiden weichen Brüsten. So kann ich beide streicheln und meine Lippen umschließen die harten Nippel abwechselnd. Es ist ein so scharfes Gefühl, sanft an ihnen zu saugen. Ein liebevoller Biss entlockt dir ein leises Stöhnen und dein Body zuckt kurz zusammen. Langsam küsse ich mich an deinem Körper abwärts, während ich gleichzeitig in die Knie gehe.

Auf das, was ich jetzt gleich tun werde, freue ich mich schon, seit ich dich eben im Nebel beobachtet habe.

Sanft ziehe ich dich etwas aus dem Wasserstrahl der Dusche heraus, denn ich möchte nicht, dass Wasser das Gefühl und vor allem den heißen Geschmack verfälscht, auf den ich mich freue. Meine Hände sind auf diesem Weg abwärts wieder an deinen heißen Po gelangt und werden dort auch bleiben. So kann ich dich fest zu mir ziehen und habe dieses geile Handgefühl. Meine Lippen sind nur noch wenige Zentimeter von deinen entfernt, und du spreizt deine Beine etwas, denn auch du weißt genau, was ich tun möchte. Ein erster Kuss bringt mir dies weiche Gefühl auf meine Lippen, auf das ich mich immer wieder freue. Ich öffne meinen Mund und fahre mit meiner Zunge über deine Lippen. Mit nur ganz wenig Druck teilt sie die weichen Lippen und sofort schmecke ich dich.

Das ist es, wonach ich mich gesehnt habe. Langsam und sanft lecke ich durch deine leicht geöffnete Muschi und über die kleine Perle. Ich spüre mit der Zunge, dass diese Perle härter ist als deine Lippen. Ein paar schnelle Bewegungen meiner Zunge und die Reaktion deines Körpers zeigt mir, wie gern du das hast. Meine Zunge gleitet ein kleines Stück zurück und taucht nun so tief, wie es geht, in dich ein. Dein Geschmack ist noch mal so intensiv und ich schiebe meine Zunge langsam hinein und wieder heraus. Mein Schwanz kann zwar tiefer zu dir kommen, aber dich mit der Zunge zu vögeln, ist so unglaublich intim, und ich tue es so gern. Ich nehme einen Finger mit hinzu und langsam schneller werdend bewege ich ihn kreisend in dir, während meine Zunge auch immer schneller und mit etwas mehr Druck an deiner kleinen Perle spielt. Das beginnende Zittern deines Körpers kündigt mir den Punkt an, den ich mir für dich wünsche.

Deine Hände greifen fest in das Haar auf meinem Kopf und drücken ihn gegen deinen Unterleib.

»Nicht aufhören. Leck mich, bring mich mit deiner Zunge um den Verstand. Steck sie mir tief in meine Muschi und dann versprich mir, dass du mich gleich ficken wirst.«

»Keine Sorge, ich habe nicht vor aufzuhören und dich zu ficken ist genau das, was ich mir ganz fest vorgenommen habe, als ich aufgestanden bin.«

Die Worte aus deinem Mund, ich höre sie so gern. Ich mag es, wenn wir uns sagen können, was wir uns wünschen. Sagen, was wir fühlen, ohne auf die Worte achten zu müssen. Es gibt keine schmutzigen Worte, es gibt nur Offenheit und das auch in der Sprache.

Die Muskulatur in deiner nassen Muschi drückt meine Zunge sanft zusammen und ich weiß, jetzt ist es so weit. Ein kleiner Schwall zusätzlicher Nässe ergießt sich über meine Lippen und ich sauge ihn begierig auf. Es schmeckt so gut. Dein Körper verkrampft sich so schön und meine Zunge wechselt den Punkt. Schnell und immer schneller spiel ich nun mit deiner kleinen harten Perle.

Ich weiß, dir geht es jetzt genauso wie mir. Es ist so unglaublich intensiv. Man kann eigentlich nicht mehr, aber wehe, der andere hört auf. Dies geile, leicht schmerzende Gefühl ist so unglaublich scharf, dass wir nicht darauf verzichten wollen.

Ich habe nun die Erholung gehabt, die ich brauchte, und merke, wie sich zwischen meinen Beinen mein Schwanz langsam wieder zu voller Größe aufrichtet.

Du schaust an mir herunter und deine Augen leuchten vor Begierde, als sie den Schwanz wieder sehen.

»Möchtest du jetzt? Ich ja! Ich möchte mit dir schlafen, meinen harten Schwanz in dieses kleine nasse Pfläumchen stecken, dich vögeln, dich und mich zu einem gemeinsamen Höhepunkt ficken.«

Mehr als ein heiseres »Ja« bekomme ich nicht von dir zu hören.

Ich drehe dich um und du hältst dich an der Stange der Dusche fest. Ja, ich möchte dich von hinten nehmen. Du gehst einen Schritt zurück, ohne die Duschstange loszulassen. Dieser geile Arsch streckt sich mir entgegen. Sanft ziehe ich dich noch einen Schritt zurück und deine Muschi ist direkt vor meinem Gesicht. Noch einmal lecke ich durch sie hindurch, bevor ich aufstehe. In der Bewegung des Aufstehens gleitet mein nun wieder harter großer Freund in dich hinein. Ich liebe dies erste Eintauchen. Wenn sich deine Lippen hinter meiner harten Spitze schließen, ist es so schön warm und feucht um mich.

Ich schaue an mir herunter. Auf deinen Traumhintern herabzusehen, während mein Schwanz zwischen deinen nassen Lippen hin und her gleitet, macht es für mich noch zusätzlich heißer. Meine Hände wandern an deinem Rücken hoch. Auch ich versuche, dir dieses Gefühl der Fingernägel zu geben, aber meine sind viel kürzer als deine. Trotzdem hoffe ich, du spürst das Gleiche wie ich. Ich greife um dich herum und umschließe deine kleinen festen Brüste, kneife sanft in die harten Nippel und spüre das leichte Zucken deines Körpers.

Zurück an deinem Prachthintern geben dir meine Hände ein paar kräftige Schläge auf die beiden festen Backen. Ich weiß, du magst es, aber ich bin nie sicher, ob es nicht zu fest ist, oder magst du es noch stärker? Sag es mir und dein Wunsch ist mir Befehl.

Währenddessen stößt mein harter Stab immer wieder tief in dich hinein. Ich kann es jetzt steuern. Der erste Druck ist weg. Du weiß das und hast mich deswegen als Erstes zum Orgasmus gebracht.

Einmal, zweimal oder noch mehr. Ich kann es nicht genau fühlen, wie oft es deinen Körper zittern und sich winden lässt.

Ich weiß nur, ich könnte und möchte gar nicht aufhören, dich so zu vögeln. Zu heiß und geil ist es dich, so intensiv zu spüren.

Jetzt möchte ich auch gern ein zweites Mal einen Höhepunkt erleben und meinen Saft tief in dich hineinspritzen.

Meine Hände halten sich nun an deinen Hüften fest und meine Bewegungen werden schneller und härter. Das klatschende Geräusch, wenn mein Unterleib auf deinen Po trifft, kommt in immer schnellerem Rhythmus. Meine Bällchen treffen bei jeder Bewegung deine Lippen und ich hoffe, sie treffen auch immer die kleine harte Perle, damit auch du weiterhin dieses süße Ziehen spürst.

Ein letzter Stoß und ich bleibe tief in dir. Mein zweiter Höhepunkt ist viel intensiver als der erste. Es kommt weniger meiner Flüssigkeit, aber die Wellen sind viel stärker. Meine Beine zittern und meine ganze Körperspannung entlädt sich in diesem Augenblick.

Du richtest dich langsam auf und drehst dich zu mir herum. Ich gleite aus dir heraus und nehme dich in meine Arme. In diesen liebevollen Sekunden nach heißem Sex ist das Entspannen unserer Körper am intensivsten fühlbar.

Das warme Wasser der Dusche perlt an unseren aufgeheizten Körpern ab. Ich nehme dein Gesicht in beide Hände und meine Lippen suchen und finden deine. Diese Art, dich zu küssen, liebe ich besonders, und nach solchen Momenten ist sie die sanfteste und liebevollste Art dir zu sagen: Ich liebe dich.

8. FrauenTraum

Ich fliege meinen Weg von der Arbeit nach Hause. Ich habe noch so viel zu tun, bis mein Schatz nachher zu mir kommt. Der Abschiedskuss eben hat mir die Vorfreude auf den Abend gegeben. Mit meiner Zunge an deiner spielen zu können, meine Lippen auf deine zu legen, ich tue es so gern. Wenn du dabei mein Gesicht in deine Hände nimmst, schmelze ich regelmäßig dahin.

Nachdem sich meine Wohnungstür hinter mir geschlossen hat, befreie ich meinen Körper von den Arbeitsklamotten und genieße die Freiheit des Nacktseins.

Die mitgebrachte Flasche Wein und der Käse verschwinden im Kühlschrank. Mehr als das brauchen wir heute Abend nicht, aber im Gegensatz zum Sex mögen wir Wein und Käse gekühlt am liebsten.

Ich stehe im Schlafzimmer vor meinem Spiegel und schaue meinen nackten Körper an. Mit beiden

Händen streiche ich über meine Haut.

Mir gefällt, was ich sehe, nur meine Haut fühlt sich etwas rau an. Die heutige Arbeit hat ihre Spuren hinterlassen. Auch der angenehme Geruch des Parfüms von heute Morgen ist verflogen und hat dem Geruch nach Arbeit Platz gemacht.

Bevor ich meinen Schatz gleich in die Arme nehme, muss unbedingt etwas Pflege für meinen Körper her. Und ich beginne mit einer heißen Dusche. Das heiße Wasser spült den Schmutz des Tages von meiner Haut. Das Duschgel schäumt leicht und macht das Gleiten meiner Hände über meinen Body so erotisch sanft. Ich massiere sanft meine Brust und spiele dabei gedankenverloren mit meinen kleinen Nippeln. Ob mein Schatz sie wohl nachher zwischen seine Lippen nimmt, sanft daran saugt und zärtlich mit seinen Zähnen zubeißt? Bestimmt werde ich das nachher fühlen und ich freue mich schon sehr darauf. Meine Hand gleitet an meinem Körper abwärts und zwischen meine Beine. Ich spüre die Stoppeln der nachgewachsenen Haare. Ich nehme den Rasierer, um sie dort und unter den Achseln zu entfernen, denn mein Liebling liebt es dort glatt, beim Spiel mit der Zunge und den Lippen. Meine Hand streicht nach dem Rasieren prüfend über die Haut und es erregt mich die Vorstellung, dass es nicht meine Hand ist. Träumend und mit geschlossenen Augen reibt meine Hand zwischen meinen Schenkeln.

Ich muss aufhören, denn das möchte ich gleich meinen Schatz tun lassen. Ich trete aus der Dusche und trockne mich ab. Mein Schatz mag es, wenn meine Haut nicht rau, sondern wunderbar weich und glatt ist und deswegen creme ich sie ein.

Wieder dieses Gefühl der streichelnden Hände. Ach wären es doch schon die von meinem Schatz. Ich kann es kaum erwarten. Kurz mit dem Kamm durch meine Haare, mehr muss nicht sein, denn sie werden nicht ordentlich bleiben.

Ich ziehe meine Wohlfühlhose und ein Shirt über meinen nackten Körper. Unterwäsche trage ich zu Hause nur sehr selten und mein Schatz mag es auch so.

Ich bin noch nicht ganz fertig mit der kleinen Käseplatte, da klingelt es an der Tür. Endlich, nur noch ein paar Sekunden und meine Sehnsucht ist vorbei und ich kann ihn küssen. Ich öffne die Tür und schon liege ich in seinen Armen. Ein erster sanfter Kuss brennt süß und heiß auf meinen Lippen. Deine Hände gleiten an meinem Rücken herunter und ich weiß genau, was jetzt passiert. Du liebst meinen Hintern und zur Begrüßung knetest du ihn immer, mal sanft mal fester. Ich liebe deinen festen Griff und habe aber auch nichts gegen einen kräftigen Klaps einzuwenden. Ich spüre deine Hände an meinem Po und freue mich schon darauf, dass sie ihn nachher kräftig massieren, wenn er nackt ist.

»Einen Kaffee, mein Süßer?« Ich drehe mich um und gehe in die Küche. Du folgst mir und ich fühle deine Blicke und deinen heißen Atem in meinem Nacken, kurz bevor ein zärtlicher Biss mir einen Schauer durch den Körper jagt. Deine Arme umfassen mich und deine Hände nehmen je eine meiner Brüste und drücken sie sanft. Deine Fingerspitzen suchen meine kleinen Nippel und reiben sanft darüber hinweg.

»Ist dir das Shirt nicht im Weg?« Ich habe die Frage noch nicht ganz ausgesprochen und schon liegt mein Shirt auf dem Küchentisch. Mit einer schnellen Bewegung fliegt deins hinterher und ich spüre endlich die Haare deiner Brust auf der Haut meines Rückens, während du meine nackten Brüste mit den nun harten Knospen massiert.

Wenn du mich so sanft im Nacken küsst, sind es kleine Stromschläge, die durch den Körper ziehen.

Deine Zunge gleitet an meinem Rücken abwärts, und deine Hände lösen sich von meinen Brüsten. Sie gleiten seitlich an meinem Körper herab und ohne anzuhalten, ziehen sie meine Wohlfühlhose über meine Beine nach unten. Ich weiß genau, was du willst, und da spüre ich es schon.

Deine Lippen küssen die nackten Backen meines Pos und deine Hände helfen mir, ganz aus der Hose auszusteigen. Sie fahren an der Innenseite meiner Beine wieder nach oben und streicheln ein erstes Mal über die geschlossenen Lippen meiner kleinen Lady. Ohne wieder aufzustehen, drehst du mich um, sodass meine kleine Lady direkt vor deinen Lippen ist.

Ich denke nur, küss mich bitte auf die Lippen meiner Muschi, und dann nimm deine Zunge. Sie ist so schön lang und weich. Wenn sie mit meiner kleinen harten Perle spielt, könnte ich verrückt werden vor Lust. Ich spüre, wie ich bei den Gedanken daran immer feuchter werde. Es läuft in meiner Muschi zusammen wie Speichel im Mund.

Endlich fühle ich deine Lippen auf meinen Schamlippen und deine Zunge gleitet tief durch meine nasse Eva. Es ist so unglaublich scharf, so geleckt zu werden, und damit du es dir ja nicht anders überlegst, nehme ich mit meinen beiden Händen deinen Kopf an den Haaren und drücke ihn fest an meine Muschi. Deine Zunge spielt mit meiner kleinen Perle. Ich fühle, dass sie größer und härter wird. Mein Körper zittert leicht, aber ich kann und will nichts dagegen tun.

Plötzlich hörst du auf und obwohl ich versuche, dich festzuhalten, stehst du auf. Ich habe deiner Kraft nicht sehr lange etwas entgegenzusetzen und das ist auch gut so, denn ich liebe es sehr, sie zu spüren.

Du nimmst mich an der Hand und ziehst mich sanft ins Schlafzimmer. Vor meinem Bett stehend gibst du mir einen leichten Schubs und ich falle in die weichen Federn. Ich beobachte dich dabei, wie du dich langsam von dem Rest deiner Sachen befreist.

Ich sehe, streichele und küsse diesen Körper so gern. Bevor du dir den Slip ausziehst, setzte ich mich auf, denn nun will auch ich meine Lippen und meine Zunge gebrauchen. Ich will dies tiefe Brummen von dir hören, welches immer dann kommt, wenn ich mit Lippen und Zunge deinen Schwanz und deine Bällchen verwöhne. Ich halte deine Hände kurz fest.

»Lass mich das machen, bitte.«

Du lässt es gern geschehen und so ziehe ich deinen Slip langsam herunter. Direkt vor mir schnellt der bis dahin eingesperrte Schwanz heraus und steht, noch nicht ganz hart, vor meinem Gesicht. Ich kann gar nicht anders, als einen ersten Kuss auf die weiche Spitze zu geben.

Damit du auch ja so stehen bleibst wie jetzt, streife ich dir deinen Slip ganz ab. Endlich stehst du nackt vor mir und nichts stört meine suchenden Hände.

Sie gleiten an deinen Beinen nach oben und machen an diesem sexy Hintern halt. Ich öffne meine Lippen und nehme den mittlerweile harten Schwanz in meinen Mund. Die Spitze ist so samtweich und heiß. Mit einer Hand greife ich an den harten Schaft und reibe ihn mit viel Druck ein wenig hin und her. Da ist es, dies tiefe Brummen, das ich so gern höre. Ich weiß und fühle es, wie gern du diese Art der Liebe hat. Auch für mich ist es ein geiles Gefühl, deinen Schwanz zwischen meinen Lippen zu haben. Ich fühle genau, wie es dir geht, merke jedes Zucken deines Körpers und du bist in meinen Händen wie Wachs in der Sonne. Ich kontrolliere dich und ich weiß, dass du das magst, wenn auch ich mal die Regie beim Sex führe. Jetzt möchte deinen Genuss noch ein wenig steigern. Mit einer Hand reibe ich sanft deinen Schwanz weiter und die zweite knetet deine kleinen Bällchen. Gleichzeitig nehme ich nun meine Zähne und beiße vorsichtig in die pulsierende weiche Spitze, die ich zwischen meinen Lippen habe. Du magst diesen leichten Schmerz genauso wie ich und ich bin sicher, dass du mir das auch gleich geben wirst, und mein Body sehnt sich schon danach.

Meine Zunge fährt über die ganze Länge deines Schafts und die Bällchen, die ich gerade noch mit der Hand massiert habe, lasse ich nun zwischen meinen Lippen hin und her flutschen. Sie sind so schön glatt rasiert und kein Haar stört mein Gefühl. Ein wohliges Stöhnen entrinnt deiner Kehle und ich fühle, wie deine Knie anfangen, leicht zu zittern.

Wenn ich jetzt nicht aufhöre, kannst du es nicht mehr halten und du würdest deinen ersten Orgasmus jetzt schon haben. Ich weiß, dass du das noch nicht möchtest und höre, mit einem Kuss auf die dunkelrote Spitze, auf, deinen harten Schwanz zu reizen.

Ich lasse mich wieder auf mein Bett zurückfallen und winkele meine Beine so weit an, wie ich kann. Du stehst vor mir, dein Blick gleitet über meinen Körper und bleibt auf meiner weit offenen feuchten Lady hängen.

»Gefällt dir, was du siehst? Es ist alles nur für dich. Nimm dir, was du möchtest.«

Langsam beugst du dich herab und ich weiß, was jetzt kommt. Dein Kopf verschwindet zwischen meinen Schenkeln und ich spüre deine Zunge langsam durch meine Lippen gleiten. Du willst mich noch mal schmecken, bevor du zu mir kommst und mir endlich deinen steifen Schwanz in meine nasse Muschi steckst. Langsam kommst du zu mir hoch und küsst mich auf den Mund. Du schmeckst anders als sonst, denn du schmeckst nach mir.

»Schlaf mit mir. Ich möchte dich in mir spüren.« Ich hauche dir diese Worte ins Ohr, bevor ich zärtlich zubeiße.

Ich fühle die weiche Spitze deines Schwanzes an den Lippen meiner feuchten Muschi. Ich schließe meine Augen, denn ich will mich ganz auf den ersten Moment konzentrieren. Will ganz intensiv fühlen, wenn die Lippen meiner kleinen Lady sich weiten, du in mich eindringst und sich meine Muschi fest um deinen harten Schwanz schließt. Ich fühle den sanften Druck und du gleitest in mich hinein. Meine Lippen schließen sich hinter der weichen heißen Spitze. Tiefer, ich will dich ganz tief in mir fühlen. Du fängst ganz sanft an, mich zu vögeln. Du stößt immer wieder in mich hinein. Ich winkele meine Beine noch ein wenig mehr, denn so kann ich dich noch tiefer in mir spüren. Ich fühle mich ausgefüllt und das nasse gleitende Gefühl ist so unglaublich geil. Ich fange an, dir mit meinen Unterleib entgegenzukommen. Dies Gefühl in mir, wenn du mit tiefen Stößen in mich gleitest und die empfindlichen Stellen in meiner Muschi von deinem Schwanz immer wieder aufs

Neue berührt werden, ist so unglaublich geil. Und da ist es, dies Ziehen in meinem Unterleib, das mein Kommen ankündigt. Ich schlinge meine Beine um dich, sodass ich dich noch ein paar Millimeter tiefer in mich drücken kann. Meine Hände greifen an deinen Rücken und die Nägel meiner Finger graben sich tief in deine Haut. Meine Muskulatur verkrampft sich leicht und mein Atem wird immer schneller.

Mehrere Wellen gespürter Erregung hintereinander lassen meinen Körper ohne meine Kontrolle zittern. Ich will auch gar nicht kontrollieren, ich will geil sein, nicht denken, nur fühlen, es genießen, so gevögelt zu werden.

Die Muskulatur meiner Muschi zieht sich noch enger um deinen Schwanz zusammen und das gleitende Gefühl wird immer intensiver.

»Hör jetzt bloß nicht auf, mich zu vögeln, ich will spüren, wie du in mir kommst.«

Ich fühle dich immer schneller zustoßen und höre, dass auch dein Atem schneller wird.

»Lass es mich hören, wie es dir geht. Sag es mir. Zeig es mir.«

Ein letzter ganz tiefer Stoß und du bleibst bewegungslos in mir. Ein tiefes wohliges Stöhnen kommt aus deinem Mund, deine Augen sind geschlossen und jetzt fühle ich es. Tief in mir spritzt es aus dir heraus und ich fühle den ersten Schuss warm und heiß in meinem Inneren ankommen. Danach ist es nur noch unglaublich glitschig und warm in mir.

Du genießt bewegungslos die Wellen deines Orgasmus und ich sehe es dir an, dass es dir genauso gut geht wie mir.

Langsam fängst du wieder an, dich zu bewegen. Ein Wahnsinnsgefühl, denn je nasser es in mir ist, desto intensiver spüre ich deinen Schwanz in meiner Muschi. Spüre, wie er mich ganz ausfüllt, während er sich im heißen Inneren meiner Muschi bewegt.

Ich weiß, dass du gleich eine kleine Pause brauchst. Du magst das zwar nicht, aber es macht mir nichts aus. Im Gegenteil, denn ich genieße es sehr, von dir weiter verwöhnt zu werden.

Ich fühle deinen Schwanz jetzt immer kleiner in mir werden und schließlich flutscht er aus mir heraus. Es läuft mir warm aus meiner Muschi heraus und an meinem Po herab. Ich greife mit einer Hand zwischen meine Beine und verreibe unsere gemeinsame Flüssigkeit. Wie wir wohl schmecken?

Heiß, absolut heiß ist dieser Geschmack, den ich von dem Finger ablecke, der eben noch tief in mir war. Du schiebst sanft, aber bestimmt meine Hand beiseite und streichelst ganz sanft meine vor Erregung angeschwollene Muschi. Einer deiner Finger schiebt sich langsam tief zwischen die Lippen, aber ich halte die Hand fest. Ich kann es im Moment nicht aushalten. »Deine Finger sind nicht weich genug für meine erregte Muschi.«

Ich muss dich gar nicht bitten, du weißt, was ich liebe. Da ist sie wieder, deine weiche Zunge, die durch die ganze Länge meiner nassen Lady leckt. »Schmeckst du uns auch?«

Die Länge deiner Zunge und die immer schneller werdende Bewegung mit ihr machen mich so unglaublich scharf.

»Nicht aufhören, bitte nicht aufhören.« Ich höre mich selbst diesen Satz sagen, obwohl ich langsam anfange zu fliegen.

Deine Zungenspitze ist jetzt nur noch an meiner kleinen harten Perle und die Geschwindigkeit wird immer schneller. Ich könnte laut schreien vor Erregung, als auch noch deine Zähne sanft anfangen, an der Perle zu knabbern.

Der erste Orgasmus ist schon immer wunderbar mit dir, aber der zweite ist wie Fliegen, wie Schweben, wie auf einer Wolke, so unglaublich intensiv.

Mein ganzes Fühlen ist ein einziger Orgasmus, mein Körper nur auf meine kleine Lady reduziert. Ich weiß nicht, mit welcher Kraft ich mich mit meinen Beinen, Armen, Fingern oder Fingernägeln an dir festgehalten habe, denn ich habe jedes Gefühl dafür verloren, aber ich hoffe, ich hab dir nicht wehgetan. Nachdem ich wieder zu Atem gekommen bin und sich mein Körper wieder beruhigt hat, nehme ich dich in meine Arme und küsse dich sanft und liebevoll.

Jetzt mit dir einschlafen. Am liebsten rolle ich mich jetzt auf der Seite liegend ein und spüre dich ganz nah in meinem Rücken. Deine unglaubliche Wärme dringt durch meinen Body. So liebevoll umarmt und nachdem mein Körper dich spüren konnte, schlafe ich gern ein.

Hauptsache, du bist bei mir und lässt mich nicht los. Dies Gefühl der Geborgenheit und dieses tiefen Friedens möchte ich nie mehr vermissen.

Ich hauche dir noch ein Gute Nacht zu und schwebe körperlich unglaublich befriedigt in die Welt der Träume davon.

9. ParkplatzTraum

Der Arbeitstag neigt sich dem Ende zu. Meine Gedanken schweifen immer häufiger ab und denken an dich. Sie sind nie lang, unsere fünf Minuten, aber so intensiv.

Die Feierabendglocke schellt und endlich ist es so weit. Der Weg zu dem Ort, an dem wir uns gleich sehen werden, ist nicht weit und schnell gefahren.

Ich parke etwas abseits und so, dass niemand neben mir stehen kann. Ich will dich ungestört in den Arm nehmen und küssen können.

Beide Vordersitze so weit es geht nach vorn geschoben und die Rückenlehnen senkrecht gestellt, das bringt uns hinten im Wagen mehr Platz.

Ich habe noch etwas Zeit und hole vom Bäcker Kaffee für uns und auch etwas Süßes darf nicht fehlen, obwohl nichts so süß schmeckt wie du.

Als ich wieder da bin, steige ich gleich hinten in meinen Wagen ein und mache es mir auf dem weichen Leder der Rückbank bequem.

Die Seitenfenster sind mit Rollos verdunkelt, sodass niemand hereinsehen kann. Es schaut aber sowieso niemand genauer hin, denn der leichte Nieselregen lädt nicht zum Stehenbleiben ein. Die Regentropfen prasseln in immer gleichem Takt auf mein Autodach.

Ich ziehe mein Shirt aus, denn einerseits weiß ich, wie gern du mit deinen Händen in den Haaren meiner Brust kraulst, und andererseits will ich dieses Gefühl deiner streichelnden Hände pur und unverfälscht genießen. Schuhe und Socken liegen im Fußraum und so kann ich es mir gemütlich machen, während ich dem Moment entgegenfiebere, wenn ich dein Auto um die Ecke kommen sehe.

Ich werde von einem sanften Kuss auf meine Lippen geweckt. Das monotone Prasseln des Regens und das frühe Aufstehen am heutigen Tag haben mich ins Traumland weggleiten lassen. Endlich bist du da und meine Arme schließen sich um dich. Unsere Lippen finden sich zu einem langen und intensiven Kuss, bei dem die Spitzen unserer Zungen liebevoll miteinander spielen.

Auf diesen Moment habe ich mich den ganzen Tag gefreut. Deine Hände gleiten zur Begrüßung durch das dichte Haar auf meiner Brust und ein erstes zärtliches Spielen an meinen Brustwarzen, die sofort darauf reagieren und klein und hart werden, folgt.

Ein sanfter Kniff lässt einen Schauer durch meinen Körper rieseln.

Es gehen immer wieder Personen an meinem Auto vorbei … auf dem Weg zu ihrem Fahrzeug. Durch die Rollos an den Seitenscheiben sind wir nur schwer zu sehen und durch unseren Atem fangen alle Scheiben schon an, leicht zu beschlagen.

Ich suche mit meinen Händen nach etwas nackter Haut von dir, denn ich liebe dieses weiche Gefühl, dich zu berühren.

Dein Gesicht und ein Stück vom Hals sind das Einzige, was ich ertasten kann.

Ich will mehr!!

Mit sanfter Gewalt ziehe ich dein Shirt aus der Jeans, und endlich fühle ich mehr. Mit geschlossenen Augen und nur auf meine Hände konzentriert, gleiten sie über deinen Bauch und finden die zwei weichen und doch so festen Brüste mit ihren kirschroten Nippeln, die ich so gern zwischen meinen Lippen habe und an denen ich jetzt nur mit den Fingern spielen kann.

Ich will mehr!!

Ich will sie küssen, mit meinen Lippen die harten Knospen umschließen. Vorsichtig schiebe ich das Shirt nach oben, nachdem ich mich umgesehen habe, ob niemand uns beobachtet.

Deine Augen sind geschlossen und ich sehe die Vorfreude und das Genießen in deinem Gesicht. Es ist so ein entspannter, ruhiger und doch ungeduldiger Ausdruck. Ich lasse dich nicht warten. Die zwei weichen Kugeln mit den festen Spitzen sind noch im BH verpackt, nachdem ich das Shirt über sie hinweg geschoben habe. Ich öffne ihn und endlich gibt der Stoff das frei, wonach sich meine Hände und Lippen sehnen. Sanftes Saugen mit meinen Lippen und das Massieren entlocken dir ein erregtes, aber auch wohliges leises Stöhnen.

Während ich mich ganz auf dieses geile Gefühl konzentriere, deine Brüste zu liebkosen, spüre ich deine Hände von meiner Brust abwärtsstreicheln.

Sie gleiten hinunter, bis du zwischen meinen Beinen etwas Hartes spürst, und dann drückst du sanft zu. Der Stoff meiner Jeans lässt mich leider viel zu wenig spüren.

Ich will mehr!!

Ich öffne mit einer Hand meinen Gürtel, Knopf und Reißverschluss meiner Jeans. Ich nehme deine Hand und führe sie dorthin, wo eben noch alles fest geschlossen war. Sie gleitet in meine Jeans und drückt sanft meinen kleinen Freund, der durch die Enge nicht größer werden kann. Noch immer fühle ich es nicht so, wie ich es möchte.

Ich ziehe deine Hand zurück und hebe den Slip an. »Jetzt, mein Schatz, versuch es noch mal.«

Endlich fühle ich dich pur und richtig. Die Enge in der Jeans wird langsam unerträglich, denn aus meinem kleinen Freund wird langsam ein harter großer Freund. Ich schaue mich wieder um und sehe, dass die Scheiben des Wagens fast völlig beschlagen sind.

Ich will mehr!!

Ich setze mich und schiebe Jeans und Slip über meine Schenkel, sodass sie im Fußraum landen. Die Enge ist weg und mein Schwanz steht hart, auf deine Hände wartend.

Statt der Hände beugst du dich hinunter und nimmst ihn zwischen deine weichen Lippen. Während eine Hand an meinen Nüsschen spielt, gleiten deine feuchten Lippen immer wieder saugend über die ganze Länge meines Schwanzes. Trotz des Genusses, so von dir berührt zu werden, schaue ich ab und zu aus den Fenstern meines Wagens. Ein älteres Pärchen geht gerade an uns vorbei, ohne zu uns hinzuschauen. Wenn sie wüssten, was du gerade tust, wäre das vielleicht anders.

Dadurch, dass du dich so liebevoll um meinen Freund kümmerst, kann ich deinen Prachthintern mit einer Hand kräftig massieren.

Ich will mehr!!

Sanft, aber bestimmt hebe ich dich hoch, obwohl mir deine feuchten Lippen an meinem Schwanz sofort fehlen.

Ich möchte jetzt auch dein zweites Paar Lippen berühren, mit meinen Lippen küssen, mit meiner Zunge an und in ihnen spielen.

Dein Shirt ist wieder hinuntergerutscht und bedeckt deine Brüste. Ich öffne deine Jeans, meine Hand gleitet hinein und sofort spüre ich die heiße Weichheit deiner kleinen Lady.

Ohne es zu merken, bin ich sofort unter deinen Slip geglitten und habe so nichts Störendes mehr. Warme und feuchte Lippen werden von meiner Hand bedeckt.

Ich teile sie vorsichtig mit einem Finger und tauche langsam tief in dich ein.

Ich will mehr!!

Ich will dich schmecken, will diesen heißen geilen Geschmack auf meiner Zunge spüren. Da ich nicht mit meiner Zunge an diese heißen Lippen komme, ziehe ich die Hand aus deinem Slip und der Finger, der eben noch tief in dir war, ist nun zwischen meinen Lippen. Ich liebe diesen Geschmack, ich kann es nicht beschreiben, es ist einfach eine Sucht.

Ich schaue in dein wunderschönes Gesicht. Deine Augen sind noch geschlossen, wie du es häufig tust, wenn das Genießen dich sanft auf einer Wolke schweben lässt.

Mein Blick fällt auf die Scheiben meines Wagens. Völlig undurchsichtig sind sie jetzt beschlagen.

Ich will mehr!!

»Ich will mit dir schlafen, mein Engel, jetzt und hier.«

»Warum tust du es dann nicht?«

Deine Augen haben sich, während du geantwortet hast, geöffnet. Ich sehe dieses Blitzen in ihnen und ich sehe Erregung, Lust und die Gier nach Sex.

Ich ziehe deine Jeans über deine schönen Beine nach unten und nehme das bisschen Stoff deines Slips gleich mit. Nur mit dem Shirt bekleidet sitzt auch du nun neben mir auf dem glatten Leder der Rückbank.

»Ich möchte dich küssen, mit meiner Zunge tief in dich eintauchen, dich schmecken, bevor sich deine Muschi gleich um meinen Schwanz schließt.«

Du spreizt deine Schenkel, so weit es der Platz im Wagen zulässt und ich beuge mich hinunter. Mein Kopf verschwindet zwischen deinen Beinen und ich rieche dich schon, bevor sich mein Mund auf deine nassen Lippen drückt. Langsam und ganz tief lasse ich meine Zunge durch dein nasses Pfläumchen gleiten. Es ist so unglaublich geil. Viel besser, als nur einen Finger abzulecken.

»Ich will mehr, jetzt!!«

Mit diesen Worten ziehst du meinen Kopf sanft nach oben. Du kletterst über mich und kniest mit weit gespreizten Schenkeln über mir.

Ich rutsche etwas tiefer und mit einer Hand bringe ich meinen steifen Schwanz direkt vor den Eingang in dein Inneres. Langsam bewegst du deinen Prachtpo nach unten. Die Lippen deiner Muschi öffnen sich und nehmen die pralle Spitze auf.

Ich will mehr!!

Immer tiefer gleite ich in dich hinein, bis dein Klassehintern auf meinen Schenkel sitzt.

»Küss mich und fang an, deinen süßen Arsch zu bewegen.«

Du tust gern, worum ich dich bitte, und es ist uns mittlerweile völlig egal, dass draußen Leute an dem Wagen vorbeigehen und uns beim Vögeln sehen könnten.

Nein, nur das Fühlen zählt. Alles um uns herum verschwimmt im Gefühl der Lust aufeinander. Meine Arme umschließen deinen Körper und meine Hände greifen kräftig in die festen Backen deines Pos. Ich ziehe sie vorsichtig auseinander um noch tiefer in dich eindringen zu können.

Der zusätzliche Reiz, hier in der Öffentlichkeit eines Parkplatzes zu vögeln, macht es umso geiler. Dass es die Menschen, die an uns vorbeigehen, sehen könnten, wenn sie nur richtig hinschauen würden, ist so unglaublich erotisch und heiß.

Ich hebe deinen Po mit meinen Händen an und unterstütze so die Bewegungen deines Körpers.

Ich will mehr!!

Die Muskeln deiner Muschi ziehen sich zusammen und der Druck rund um meinen Schwanz nimmt zu. Unsere Körper zucken und unser Stöhnen wird nur durch unser Küssen gedämpft.

Immer stärker wird der Druck der Muskeln in deiner Muschi. Je mehr sie sich zusammenzieht, umso geiler ist das Gleiten zwischen den nassen Lippen.

Jetzt spüre ich deine Finger immer fester zufassen und deine Nägel graben sich tief in die Haut meines Rückens.

Ich will alles!!

Es kocht in meinem Unterleib und mit einem letzten Stoß spritze ich tief in dich hinein. Ich bewege mich einen Moment nicht und ich spüre es glitschig heiß um meinen Schwanz werden.

Du hast es gespürt und mir den Augenblick des Genusses gegönnt, aber jetzt bewegt sich dein Po schnell auf und ab. Ja mein Schatz, nimm dir, was du willst, aber nimm es von mir.

Im geilsten Augenblick deiner Lust hinterlassen deine Nägel tiefrote Streifen auf meinem Rücken und das ist genau richtig so. Ich liebe diesen leichten Schmerz und wenn ich morgen in den Spiegel sehe, sind diese heißen Minuten sofort wieder da.

Wir beide haben uns gegenseitig das gegeben, was unsere Körper wollten. Nun sitzen wir bewegungslos da, haben uns fest in den Armen und spüren die Entspannung, die unsere Körper nach einem Orgasmus haben. Ich bin immer noch tief in dir, spüre aber, wie mein Schwanz an Härte verliert.

Unsere gemeinsame heiße und glitschige Flüssigkeit sucht sich den Weg durch deine heißen Lippen und es wird warm zwischen meinen Schenkeln und deinem scharfen Hintern.

Mein Slip muss dafür herhalten, um das Leder der Rückbank zu schützen. Eine Hand vor deiner nassen Muschi rutscht du von mir hinunter.

»Den Rest hebe ich mir für nachher auf. Es ist ein geiles Gefühl, wenn es beim Fahren noch mal so richtig schön nass zwischen meinen Beinen wird.« Mit diesen Worten ziehst du deinen Slip und die Jeans wieder an.

Mittlerweile läuft das Wasser an den Scheiben des Wagens hinunter. Unser Atmen und die Hitze unserer aufgegeilten Körper, haben so viel Feuchtigkeit hinterlassen, dass meine Klimaanlage gleich richtig arbeiten muss.

Schemenhaft erkenne ich durch das milchige Glas zwei Gestalten ein paar Meter von uns entfernt an ihrem Auto lehnen und zu uns herübersehen. Ob sie wohl die Bewegungen des Wagens richtig gedeutet haben?

Nachdem auch ich mich angezogen habe, steigen wir aus dem Wagen aus und du gehst betont langsam zu deinem Auto. In den Gesichtern der zwei Typen lässt sich genau erkennen, dass sie gern wissen würden, was hier eben passiert ist.

Den direkten Blickkontakt mit mir und das Lächeln auf meinen Lippen halten die zwei nicht aus und schauen schnell zur Seite.

Ich sehe ein letztes Mal an diesem Tag deinen scharfen Hintern und pfeife anerkennend hinter dir her.

Du drehst deinen Kopf und allein dieses Lächeln, mit dem du mich ansiehst, ist es wert zu leben und dich zu lieben.

Ich starte meinen Wagen, muss dir aber den Vortritt lassen, da ich erst das Wasser von meinen Scheiben wegbekommen muss, bevor ich losfahre.

Zu Hause angekommen, springe ich unter die Dusche. Bevor ich das Wasser anstelle, gleiten meine Hände zwischen meine Beine, um noch etwas von unserer Nässe zu retten. Es riecht nach uns und eigentlich möchte ich es gar nicht abwaschen.

Mit geschlossenen Augen stehe ich da, mit den Händen vor meiner Nase, und lasse den Parkplatztraum noch einmal an mir vorbeiziehen.

10. SaunaTraum

Sich nach einem anstrengenden Tag die Klamotten vom Körper zu reißen, um die Freiheit zu genießen, nackt durchs Haus zu gehen, darauf habe ich mich schon den ganzen Tag gefreut.

Nichts stört meine Haut beim Atmen. Kein Stoff engt mich ein.

Mein Weg führt mich, wie so oft am Sonntag, zur Sauna, die sich im Keller befindet. Ich schalte sie ein und stelle die Temperatur auf 90 Grad.

Heute will ich es heiß.

Nun habe ich ein wenig Wartezeit, bis die Sauna aufgeheizt ist und es sich lohnt, den ersten Gang zu machen.

Ich bin allein im Haus, denn du bist leider nicht hier. Ich lege mich in meinen Sessel und genieße die Wärme meines Kamins. Die Hitze des brennenden Holzes bereitet meinen Körper auf das vor, was gleich in der Sauna auf ihn zukommt.

Ich liege mit geschlossenen Augen, genieße die Stille, die nur durch das Knistern des brennenden Holzes gestört wird.

Meine Gedanken sind wie so oft bei dir. Ich stelle mir vor, wie es wäre, wenn du jetzt neben mir liegen würdest.

Ich könnte deinen nackten Körper spüren und ich könnte ihn überall ansehen, berühren und küssen. Bei diesen Gedanken spüre ich, wie mein Schwanz anfängt, sich mit Blut zu füllen und steif zu werden. Mit einer Hand greife ich in meinen Schritt und massiere den immer härter werdenden Ständer ein wenig. Ich greife etwas tiefer und habe nun meine Bällchen in der Hand. Ich lasse sie vorsichtig durch meine Finger flutschen. In meinen Gedanken tust du das gerade und ich fange wieder an, meinen Schwanz zu massieren. Wäre es doch nur deine Hand und nicht meine, die mit immer schnelleren Bewegungen auf und ab gleitet. Ich kann sie fühlen, denn ich weiß, wie geil es ist, von dir so massiert zu werden. Die Vorstellung, dass du auch noch deine Lippen benutzt, mein steifer Schwanz zwischen ihnen verschwindet, deine Zunge zärtlich um die rote Spitze leckt und du mit den Zähnen sanft zubeißt, lässt es in meinem Unterleib anfangen zu kochen. Mein Atem fängt an schneller zu werden und dieses verräterische Zucken in mir ist ein so heißes Gefühl. Ich kann und will es nicht mehr aufhalten und so spritzt es in einem Bogen aus der hart geschwollenen Schwanzspitze auf meinen Bauch.

Einen langen Moment bleibe ich noch schwer atmend mit geschlossenen Augen liegen und entspanne mich, bevor ich mit einem Handtuch den Liebessaft von mir abwische.

Ich gehe in den Keller und öffne die Tür zur Sauna. Heiße Luft strömt mir entgegen, viel heißer als eben vor dem Kamin, obwohl die Temperatur noch nicht so heiß ist, wie ich sie gewählt habe.

Ich lege mich auf mein Handtuch und schließe wieder die Augen, denn die Erregung von eben ist noch nicht ganz abgeklungen und ich genieße sie noch.

Ich werde davon wach, als sich weiche Lippen um die Spitze meines weichen Schwanzes legen und sanft daran saugen, während eine Hand meine Bällchen vorsichtig knetet und eine zweite durch die sich kräuselnden Haare meiner Brust krault.

Ich schlage die Augen auf und sehe deinen nackten Körper neben mir stehen. Du schaust auf mich herab und mit einem Lächeln stellst du fest,

»Du schmeckst anders, mein Schatz, und was ist dieses weiße glitschige Zeug nur? Kann es sein, dass du etwas getan hast, was du mich hättest tun lassen sollen?«

Ich traue meinen Augen immer noch nicht ganz, dass du bei mir bist, aber deine Lippen um meinen Schwanz und zwei Hände, die mich streicheln, sind selbst für meine Träume zu real.

Vorsichtshalber greife ich nach dir und habe sofort dies erregend weiche Hautgefühl.

Du hast mir nichts davon gesagt, dass du zu mir kommen wolltest, doch es ist wunderschön so.

»Schatz, die Überraschung ist dir gelungen. Küss mich, aber diesmal nicht auf meine Schwanzspitze. Ich will deine Zunge in meinem Mund spüren.« Deine Lippen legen sich auf meine und unsere Zungenspitzen spielen zärtlich miteinander.

Meine Hand streichelt deine Haut, die sich langsam erwärmt. Sie gleitet an deinem Rücken herunter, aber mein Arm ist nicht lang genug, um diesen Klassehintern berühren zu können, so wie ich es zur Begrüßung immer tue.

Ohne Scham kann ich dir erzählen, wie es eben im Sessel war, an dich zu denken, von dir zu träumen, sich dabei zu berühren und deine Hände, obwohl sie nicht da waren, zu fühlen.

»Jetzt bin ich bei dir und übernehme das gern.«

Ein Lächeln von deinen Traumlippen begleitet diesen Satz.

»Jetzt möchte ich mich aber erst etwas aufwärmen.« Du legst dich lang ausgestreckt auf die Liege gegenüber von mir. Ich kann von deinen Fußsohlen bis zu deinem Gesicht alles sehen.

Ich schaue an deinen Beinen entlang und mein Blick bleibt an den Lippen deiner kleinen glatt rasierten Lady hängen. Es fällt mir schwer, nicht gleich aufzustehen und diese Lippen zu küssen, so, wie ich es so gern tue.

Mein Blick gleitet weiter nach oben, über deinen flachen Bauch bis zu den süßen kleinen Brüsten. Zwischen ihnen bilden sich erste Schweißperlen und die Nippel stehen wunderschön rot und hart.

Ich schaue in dein Gesicht und sehe, dass du mich beobachtest. »Na, gefällt dir, was du siehst? Alles nur für dich. Nimm dir, was du magst.«

Meine Zehen suchen deine und es beginnt ein zärtliches Spiel. Ich schließe meine Augen, obwohl es mir unglaublich schwerfällt, den Blick von dir zu lösen. Ich streiche mit meinen Zehen an deinen Beinen entlang und fühle die Muskulatur deiner Schenkel. Deine Beine bewegen sich und du stellst sie auf und öffnest sie ein wenig. So geben sie den Weg frei zu dem Punkt, den ich mit meinen Zehen ertaste. Das, was ich spüre, ändert sich von Muskulatur zu traumhaft weichen Lippen. Ich bin da angekommen, wo ich dich berühren möchte. Vorsichtig streiche ich mit den Zehen über die weichen Lippen deiner kleinen Lady. Ein wenig Druck öffnet sie und ich gleite durch heiße Feuchtigkeit. Jetzt hast du die Augen nicht mehr geöffnet und ein Ausdruck des Genusses lässt deine Gesichtszüge sanft und weich werden.

Mein Zeh spielt mit der kleinen Perle, die sich ganz oben zwischen diesen weichen Lippen befindet.

Mit sanftem Druck massiere ich diesen kleinen Punkt und ich höre deinen Atem etwas schneller werden und ein leises heiser erregtes Stöhnen kommt aus deinem Mund. Ich gleite etwas tiefer und fühle die Öffnung, in der sonst meine Zunge und noch lieber mein Schwanz hinein und hinausgleitet. Sanft drücke ich und mein Zeh öffnet auch das innere paar Lippen. Du spreizt deine Schenkel ein wenig mehr und ohne weiteren Druck gleitet mein Zeh etwas in dich hinein. Ich bin vorsichtig, um dir nicht wehzutun und bewege nur die Zehenspitze. Dass das reicht, um es dir gut gehen zu lassen, sehe ich an deinem

Gesichtsausdruck. Ich sehe deine Hand zwischen deine Beine gleiten und mit einem Finger massierst du nun, was ich eben noch mit dem Zeh getan habe. Immer schneller reibst du an deiner Perle und ich versuche mit meinem Zeh das gleiche Tempo zu halten. Deine aufgestellten Beine fangen an, verräterisch zu zucken und ich weiß, dass dein Orgasmus nicht mehr weit ist. Dein Unterleib bewegt sich und drückt immer kräftiger gegen den Zeh in deiner nun heiß feuchten Muschi. Mit einem letzten kräftigen Druck hören die Bewegungen deines Beckens auf und ich fühle und höre deinen Höhepunkt. In immer schwächer werdenden Wellen bebt dein ganzer Körper.

Schwer atmend sinkst du zurück auf dein Handtuch und genießt die Entspannung, die sich in deinem Körper breitmacht.

Ich will mich aufsetzen, um näher zu dir zu kommen, aber du hast eine andere Vorstellung der nächsten Momente.

»Bleib so liegen und lass mir etwas Zeit zum Verschnaufen.«

Gern folge ich deinem Wunsch, beobachte dich aber weiter über meinen Schwanz hinweg, der zwischen meinen Beinen wieder steif und hart absteht.

Deine Haut glänzt schweißnass im Lichtspiel des Farbwechslers an der Decke und leuchtet in immer anderen Farben.

»Kleine Revanche, mein Schatz?« Während du diese Worte sagst, fühle ich deine Füße an meinem Beine heraufstreichen und an meinem Schwanz halt machen.

Ich schaue an mir hinunter und zwischen den Sohlen deiner wie immer gut gepflegten Füßen ragt mein Schwanz heraus. Die Reste meines Orgasmus von vorhin und der Schweiß lassen deine Füße leicht an ihm auf und ab gleiten. Genau so wie ich eben bei dir spielst du mit deinen Zehen an mir. Leichter Druck und reibende Bewegung an meinen Bällchen und immer wieder das Gleiten zwischen beiden Füßen lassen meinen Puls schneller gehen.

Ich entziehe mich dir sanft, aber bestimmt und knie mich hin. Ich umfasse deine Knöchel mit beiden Händen und hebe deine Beine an. Jeder dieser gut gepflegten Zehen bekommt einen Kuss, und mein Mund wandert weiter an deinen Beinen hoch. Je weiter ich nach oben gelange, umso weiter biegen sich deine Beine mit und dein Becken hebt sich an.

Deine Arme umschlingen deine Beine, sodass ich beiden Hände frei habe.

Ein erster sanfter Kuss auf die vor Erregung angeschwollenen Lippen deiner nassen Muschi, gibt mir den heiß geliebten Geschmack von dir. Ich öffne mit meinen Fingern die nassen Lippen und lecke über das rosa glänzende Fleisch, das sich mir nun bietet. Tief tauche ich mit meiner Zunge in dich ein und bewege sie in schneller werdendem Takt.

Ich genieße wie jedes Mal, wenn ich dich mit der Zunge verwöhne, die Weichheit und den Geschmack deiner kleinen Lady.

Ich halte deine Lippen mit einer Hand offen und gebe dir mit der zweiten sanfte Schläge auf die erregten Lippen und die Perle, die klein, aber hart hervorsteht. Das leise klatschende Geräusch wird nur von dem Stöhnen übertönt, das aus deiner Kehle kommt.

Jetzt kann und will ich aber nicht mehr nur mit dir spielen. Ich will dich fühlen, tief in dich eintauchen, mit meinem Schwanz das Innere deiner Muschi ausfüllen, dich vögeln.

Ich dirigiere mit einer Hand die rote harte Spitze meines Schwanzes vor die rosafarbene Öffnung deines nassen Pfläumchens und gleite vorsichtig in dich hinein. Ganz langsam, aber ohne innezuhalten, verschwinde ich ganz in dir. Ich bin sehr vorsichtig, denn ich weiß, dass ich in dieser Stellung am tiefsten in dich eindringen kann und irgendwo tief in dir anstoße. Um dir nicht wehzutun und um dieses geile Gefühl auch zu spüren, sind meine Stöße noch sehr langsam und sanft.

»Beweg deinen Hintern, vögele mich härter und schneller!«

Deine Stimme verrät mir die Erregung und ich komme deinem Wunsch gern nach.

Ich schaue an mir hinunter und sehe, wie sich bei jeder Bewegung die Lippen deiner Muschi mit hin und her bewegen. Meine Nüsschen klatschen bei jedem tiefen Eintauchen auf die Backen deines geilen Hinterns und geben mir so jedes Mal einen leichten geilen Schmerz.

»Komm zu mir und nimm mich in die Arme.« Du lässt deine Beine los und sie legen sich neben meinem Körper ab. Ich beuge mich über dich und unsere vor Schweiß tropfenden Körper berühren sich. Ich fühle die harten Nippel deiner Brust an meiner. Durch die Hitze hier in der Sauna ist unser Puls zusätzlich unglaublich hoch und ich fühle, dass dein Herz genauso wild pocht wie meins.

Meine Lippen berühren deine in dem Augenblick, in dem meine Erregung ihren höchsten Punkt erreicht hat und ich tief in dir komme.

Dein Becken bewegt sich weiter und ich kann bewegungslos meinen Höhepunkt genießen.

Mein Puls rast und mir ist schwindelig vor Hitze und geiler Erregung. Ich spüre das Ziehen und Verkrampfen deines Unterleibs wie durch einen Schleier, aber ich höre den leisen Schrei, der aus deiner Kehle kommt, als der Orgasmus sich von deiner nassen Muschi aus durch deinen ganzen Body zieht.

Das Wasser meines Schweißes läuft in Bächen an meinem Körper hinunter und durchnässt das Handtuch, auf dem ich knie. Ein Blick zu dir sagt mir, dass es bei dir genauso ist.

Schwer atmend lasse ich mich neben dich sinken und wir versuchen, unseren Puls in den Griff zu bekommen. Jetzt sofort aufzustehen wäre unmöglich.

Nach Minuten der Erholung erhebe ich mich langsam. Ich muss aus der Hitze raus. Mit zitternden Knien stehe ich neben dir und helfe auch dir hoch. Die Saunatür öffnet sich und kühle Luft strömt um unsere Körper. Die wenigen Treppen hoch in den Garten schaffen wir so eben und sinken nackt und völlig erschöpft auf die Liegen, die dort stehen. In der Dunkelheit, die uns umgibt, genießen wir die Freiheit, auch hier nackt liegen zu können.

Sprechen tun wir nicht, dazu sind wir zu erschöpft, aber wir sehen uns in die Augen. Die Liebe, die wir gegenseitig erkennen, bedarf keiner Worte.

Die kalte Dusche, die auf die Ruhepause im Garten folgt, erweckt unsere Lebensgeister wieder.

Unser Weg führt uns ins Wohnzimmer und ich lege Holz in den bereits hinuntergebrannten Kamin.

Nackt und in eine Decke gehüllt legen wir uns in den Sessel vor dem nun wieder prasselnden Kamin und lassen, Haut an Haut, den Abend dort weitergehen, wo er für mich allein begonnen hatte.

»War das nicht besser, als selbst mit sich zu spielen?« Deine erotische, leise und etwas heisere Stimme stellt diese Frage mit einem leichten Lächeln auf den Lippen.

»Ja, mein heißer Engel«, ist alles, was ich erwidern kann, bevor ich dich liebevoll auf die lächelnden Lippen küsse und meine Arme dich fest an mich ziehen.

11. ÖlTraum

Der Stress der letzten Monate fällt von uns ab, als sich die Eingangstür des sündhaft teuren, aber schon optisch tollen Wellnesshotels hinter uns schließt. Warme weiche Farben beherrschen die Eingangshalle mit ihren Ruhebereichen und dem Springbrunnen in der Mitte.

Der Empfang durch die Dame an der Rezeption, ist sehr herzlich und zuvorkommend. Das Trinkgeld für den jungen Mann, der unsere Koffer nach oben in unser Zimmer trägt, ist sehr gut angelegt, denn Mädchen müssen immer gut aussehen und das macht so einen Koffer schon sehr schwer.

Unser Zimmer ist Luxus pur. Ein großes rundes Bett lädt förmlich zum Kuscheln und Lieben ein. Perfekt abgestimmte warme Farben und liebevoll ausgesuchte Dekoration machen den Raum zu etwas Besonderem.

Den Rest des Tages verbringen wir damit, uns im Hotel umzuschauen und den Abend bei gutem Essen und einer Flasche Wein ausklingen zu lassen. Das Bett in unserem Zimmer ist wunderbar weich und du schläfst nach dem langen Tag und einem liebevollen Gutenachtkuss sanft in meinen Armen ein.

Der Morgen beginnt, wie der Abend endete. Meine Arme sind um dich geschlungen, und ich genieße es, dir beim Aufwachen zuzusehen. Der Kaffee am Frühstücksbuffet weckt uns richtig auf und wir sind fit für das, was auf uns zukommt.

Die erste Massage des Tages haben wir getrennt voneinander, aber zu gleicher Zeit. Mir eröffnet es die Möglichkeit, mit meiner Masseurin einen Deal zu machen. Ohne viele Worte versteht sie genau, was ich von ihr möchte. Ihr sanftes Massieren lässt mich davon träumen, wie ich dich heute Nachmittag verwöhnen werde. Gut, dass die Massage nur für den Rücken ist. Umdrehen könnte ich mich jetzt nicht, denn die Gedanken an deinen wunderschönen Body haben den kleinen Freund zwischen meinen Beinen zu einem prächtigen Ständer werden lassen, und ich weiß nicht, wie die Masseurin wohl darauf reagieren würde. Ob es dir wohl genauso geht wie mir, während warme Hände deinen Körper massieren?

Zur Entspannung treffen wir uns im Ruheraum wieder. Daran anschließend ein Besuch in der Saunawelt des Hauses.

Ein erster Gang in der Sauna, die wir aber leider nicht für uns allein haben, bevor wir uns auf die weichen Liegen nebeneinanderlegen, heizt unsere Körper noch ein wenig mehr auf.

Meine Hand sucht unter der Decke, mit der du dich zugedeckt hast, nach deinem schönen Körper. Liebevoll streichele ich über deine Brüste und deinen Bauch bis hin zu den warmen weichen Lippen zwischen deinen Beinen. Leider sind wir auch hier in diesem Raum nicht allein und deswegen kann ich nicht das tun, was ich eigentlich möchte. Umso mehr freue ich mich auf den Nachmittag, von dem du noch nichts weißt. Dein ruhiges Atmen zeigt mir, dass du ins Traumland weggeglitten bist und auch ich schließe meine Augen, um dir dorthin zu folgen.

Leiser Lärm um uns herum weckt uns auf. Es ist Mittagszeit und auch wir erheben uns, um eine kleine Stärkung zu uns zu nehmen. Danach ein Spaziergang, nur im Bademantel bekleidet, im hauseigenen Park.

Die zweite Massage des Tages steht an. Es sind zwei Liegen in diesem Raum, sodass wir uns sehen und gemeinsam entspannen können.

Unsere Masseure vom Morgen kommen, kurz nachdem wir es uns nackt auf der Liege bequem gemacht haben. Ich schaue zu dir und deinem Traumbody hinüber, schaue mir diese höllisch heißen Kurven noch mal an, bevor sie genauso wie mein Body, unter einem angewärmten Handtuch verschwinden.

Das warme Öl, das dein Masseur auf deinem Rücken verteilt, lässt dich genießerisch die Augen schließen und dein Gesicht verschwindet in dem weichen Kissen. Das ist der Moment, auf den ich gewartet habe. Ein kurzer Blickkontakt mit meiner Masseurin und ich stehe leise von meiner Liege auf. Nachdem ich mir das Handtuch um die Hüften gewickelt habe, stelle ich mich neben deine Liege und schaue kurz auf die Technik, die dein Masseur anwendet. Ich wärme meine Hände mit dem

Öl an und dein Masseur und ich wechseln die Plätze. Meine Hände gleiten genauso wie seine vorher über deinen Rücken. Leise verlassen die beiden den Raum und schließen genauso leise die Tür. Wir sind allein und ein Dreh an dem Schlüssel in der Tür sorgt dafür, dass das auch so bleibt.

So habe ich es mir gewünscht. Ich hatte mich immer gefragt, wie und wo wir diesen Wunsch ausleben können und bin freudig erregt auf das, was gleich passieren wird.

Du hast dich bisher noch nicht bewegt und genießt noch die angeblich fremden Hände, die an deinem Rücken entlangfahren. Das wird sich gleich ändern. Sanft entferne ich mit einer Hand das Handtuch, welches diesen Traumpo bedeckt. Die andere greift zu der Flasche mit dem warmen Öl. Es ist mehr als genug da, und ich lasse eine große Menge davon auf deinen Rücken laufen. Beim Verteilen bekommt der nackte Hintern, der so stramm und heiß vor mir liegt, eine ordentliche Portion mit. Das ist der Moment, in dem dein Kopf sich ruckartig hebt und du dich erstaunt umdrehst. Das darf außer mir niemand und das ist auch gut so. Dein erstaunter Blick weicht einem Lächeln und dein Kopf sinkt zurück in das Kissen.

»Ich weiß nicht, wie du es geschafft hast, dass wir zwei hier allein sind. Ich will es im Moment auch gar nicht wissen, aber wehe, du hörst auf, meinen Körper zu streicheln und zu massieren.«

»Das, mein heißer Engel, hatte ich nicht vor. Ganz im Gegenteil.« Zwischen meinen Händen und deiner Haut ist ein glitschig warmer Ölfilm und der macht die Berührungen so unglaublich intensiv. Von deinen Schultern massiere ich mich ganz langsam abwärts. Den Prachthintern lasse ich noch aus und gleite an deinen Beinen entlang zu den Zehen. Immer wieder neues Öl lässt deinen ganzen Körper glänzen. Ich spiele mit deinen Zehen und unter sanftem Druck massiere ich deine Fußsohlen. Jetzt will ich ihn fühlen. Ich schaue die ganze Zeit schon zu ihm hin. Knackig und fest, wunderschön rund und megascharf liegt er vor mir.

Ich fange ganz sanft an, ihn zu streicheln und erhöhe die Kraft meiner Hände immer mehr. Das erregte Schnurren, das gedämpft aus dem Kissen zu mir dringt, sagt mir, dass es genau das ist, was du möchtest.

»Später bekommst du mehr, mein Schatz. Jetzt aber dreh dich um. Ich möchte deinen ganzen Körper glänzen sehen.«

Ein leises Kopfschütteln ist die Antwort.

»Ich will mehr davon«, kommt es dumpf aus dem Kissen.

Ob ein kräftiger Klaps auf den strammen Traumhintern wohl hilft? Nein, sicher nicht, denn das mag mein heißer Engel auch. Also Entzug! Ich höre auf, dich zu massieren, und habe einen Moment Zeit, an mir herabzuschauen.

Steif und groß steht mein Schwanz zwischen meinen Beinen und lässt das Handtuch weit abstehen. Ich war so mit deinem scharfen Hintern beschäftigt, dass ich es gar nicht bemerkt habe. Ich lasse das Handtuch fallen und nehme eine deiner Hände und lege sie um den steifen Ständer.

»Das, mein Schatz, ist es, was du spüren wirst. Tief in dir, wenn er sich zwischen die Lippen deiner Muschi geschoben hat. Er wird dich erst sanft und dann immer schneller vögeln. Er wird dich zu einem Höhepunkt bringen, der durch das viele Öl umso geiler sein wird. Gibt es aber nur, wenn du jetzt ein braves Mädchen bist und dich umdrehst. Sonst nicht.«

Bei den letzten Worten entziehe ich mich dir und bleibe wartend neben dir stehen.

»Das tust du nicht! Das könntest du gar nicht.« »Möchtest du es darauf ankommen lassen?«

»Wenn du so streng mit mir bist, werde ich wohltun müssen, was du verlangst.«

Langsam drehst du dich um und ich sehe das Lächeln in

deinem Gesicht und in deinen Augen. Mein Blick gleitet an deinem Body entlang, wahrend ich aus der Flasche großzügig Öl über dich laufen lasse. Wie schon so oft frage ich mich, warum gerade ich diesen Traum von einer Frau lieben darf.

Wieder an den Zehen beginnend, streiche ich über deinen Körper. Die geschlossenen Lippen zwischen deinen Beinen hebe ich mir für später auf. Über deinen Bauch hinwegstreichelnd, nehme ich in jede Hand eine deiner Brüste und knete sie sanft. Die Nippel stehen hart und dunkelrot.

Bevor ich auch sie mit Öl einreibe legen sich meine Lippen um sie und ein zärtlicher Biss jagt dir einen geilen Schauer durch den Körper.

Mit beiden Händen massiere ich sie mal kräftig und mal ganz sanft. Mein Blick ist nun auf die weichen Lippen zwischen deinen Schenkeln gerichtet. Noch sind sie geschlossen und glänzen weder vom Öl noch von deiner Nässe.

Aber gleich, nachdem ich sie geküsst habe und mit meiner Zunge ihren heißen Geschmack geschmeckt habe.

Ich beuge mich hinunter und ein erster Kuss lässt mich die Weichheit der Lippen spüren.

Deine Beine öffnen sich und mit ihnen auch deine kleine Lady. Sofort rieche ich deinen Duft und ein wenig Feuchtigkeit glänzt verführerisch zwischen den rosa Lippen.

Ich weiß, du magst es, und auch für mich ist es immer wieder ein geiles Gefühl, wenn meine Zunge tief durch die weichen Lippen gleitet. Die kleine Perle bekommt natürlich auch meine Zunge zu spüren.

Das leise genießerische Stöhnen und das Zucken deines Körpers zeigen, wie gern du es hast, wenn meine Zunge mit deinem Kitzler spielt.

Das Öl in meinen Händen hat sich verteilt und es wird Zeit, neues zu nehmen. Ab jetzt bekommt auch deine feuchte

Muschi etwas davon ab. Deine Feuchtigkeit und das Öl ergibt eine superglitschige Mischung und meine Hand gleitet unglaublich leicht durch deine Lippen. Immer wieder tauche ich mit dem Finger tief in dich ein und spiele dabei mal sanft, mal schnell mit der hart gewordenen Perle.

Ich kenne den Ausdruck in deinem Gesicht und sehe, dass dein Höhepunkt nicht mehr weit ist, aber ich möchte dich noch etwas warten und genießen lassen.

»Dreh dich wieder um, mein sexy Girl.«

Diesmal folgst du meiner Bitte ohne Zögern, denn du weißt, was kommt und möchtest es fühlen. Das meiste Öl von deinem Rücken ist in dem Handtuch, auf dem du liegst, aber es ist genug neues da.

Nach kurzer Zeit glänzt dein Körper wie vorhin. Mit beiden Händen knete ich nun kräftig deinen Traumpo und gleite immer wieder durch die nun geschmeidig nasse Muschi. Deine Beine spreizen sich noch weiter, um mir mehr Platz zu machen. Sanft ziehe ich deine Pobacken auseinander und ein Finger verschwindet vorsichtig in der kleinen Öffnung, die sich mir dadurch bietet. Ein zweiter schiebt sich genauso vorsichtig zwischen die nassen Lippen deiner Muschi.

Deine Erregung von eben ist noch nicht abgeklungen und so sind nur wenige Bewegungen meiner Finger nötig, um dir wieder dieses geile Stöhnen zu entlocken, und damit sich dein Körper wieder meinen Händen entgegendrückt.

Jetzt will ich dich. Will dich spüren. Tief in dich eindringen und sanft in dir gleiten, dich mit meinem harten Schwanz zum Orgasmus vögeln. Ich nehme meinen steifen Schwanz in die Hand und reibe ihn mit viel Öl ein, denn ich will es glitschig.

Ich knie mich zwischen deinen geöffneten Schenkel und schaue an mir hinunter. Alles, was ich sehe, sieht so einladend und erotisch heiß aus. Die feucht glänzenden weichen, leicht geöffneten Lippen deiner Muschi oder die kleine Öffnung darüber, mit der festen Muskulatur deines scharfen Hinterns.

Ich weiß, du magst beides, also eins nach dem anderen. Mit einer Hand dirigiere ich meinen steifen Schwanz direkt vor dein feuchtes Liebesnest, während die andere weiter deine ölglänzenden Backen massiert.

Ein ganz leichter Druck reicht und die dunkelrote Spitze meines harten Schwanzes ist zwischen den öligen Lippen deiner Muschi verschwunden.

Mit langsamen tiefen Stößen vögele ich deine heiße und unglaublich glitschige Muschi. Das warme Öl lässt jeden Stoß zu einer kleinen Gefühlsexplosion werden. Während ich in dir hin und her gleite, möchte ich dich auch von hinten verwöhnen. Ein Finger schiebt sich vorsichtig in deinen Po. Auch dabei gibt es durch das Öl nur einen ganz geringen Widerstand.

Ich merke, wie du dich entspannst, und möchte dich nun auch so lieben. Mein Schwanz gleitet aus deiner Muschi heraus und mit viel Gefühl lasse ich die Spitze in deinem geilen Hintern verschwinden. Die Ölflasche neben mir ist wie von selbst in meiner Hand und ich lasse es auf den langsam in dich eindringenden Schwanz fließen. Immer tiefer gleite ich in dich hinein, aber immer wieder innehaltend, wenn dein Körper es verlangt.

Diese Art zu lieben ist nur mit viel Vertrauen, Liebe und gegenseitiger Vorsicht möglich.

Das Gefühl, dich auszufüllen, ist so noch viel intensiver. Ich liebe es, wenn deine kräftige Muskulatur meinen Schwanz umschließt und du es mit noch mehr Druck steuerst, um für ein noch intensiveres Gefühl zu sorgen.

Abwechselnd verwöhne ich nun deinen heißen Po und die feuchte Muschi darunter. Ich sehe, wie sich dein ganzer Körper anspannt, und fühle es an dem Druck, der meinen Schwanz festhalten will, dass dein Höhepunkt ganz nah ist.

»Ja, komm, mein heißer Engel. Lass dich gehen und lass es mich hören! Ich will deinen Orgasmus hören und fühlen.«

Mit einer unglaublichen Kraft wird mein Schwanz zusammengepresst, und während du einen leisen Schrei ausstößt, windet sich dein Körper unter mir in den Wellen eines Orgasmus. Ich höre nicht auf dich zu vögeln, obwohl es langsam anfängt in meinen Bällchen zu kochen. Du sinkst zurück auf die Massageliege und atmest tief ein und aus. Ich ziehe meinen Schwanz aus dir heraus und lasse dich die Entspannung genießen. Dich dabei zu beobachten, ist fast so ein Vergnügen, wie dich zu vögeln.

Nachdem dein Atem etwas ruhiger geht, möchte auch ich nicht länger auf mein Abspritzen warten. Ein Schritt nach vorn und mein Schwanz befindet sich direkt vor den Lippen deines Mundes. Deine Augen sind geschlossen, aber du spürst es, als die Spitze ganz vorsichtig an deine Lippen stößt. Du öffnest sie und sie schließen sich um die prall gefüllte Eichel. Kräftiges Saugen und der Druck einer deiner Hände lässt das Brodeln in meinem Unterleib fast unerträglich geil werden.

Plötzlich öffnen sich deine Lippen und geben meinen Ständer frei. Auch deine Hand hört auf ihn zu massieren.

Mit einem Lächeln um die Lippen sagst du: »Später bekommst du mehr, mein Schatz. Jetzt aber leg dich hin. Ich möchte deinen ganzen Körper glänzen sehen.«

Ein leises Kopfschütteln von mir ist die Antwort.

»Ich will mehr davon«, höre ich mich selbst sagen.

Lächelnd erhebst du dich von der Liege, trittst einen Schritt von mir weg und tust nichts weiter, als mich wortlos anzusehen. Ich weiß, dass ich dieses Duell verliere, aber jeder Moment Pause lässt meine Erregung etwas abklingen und so schließe ich die Augen und drehe gespielt gelangweilt den Kopf zur Seite. Ein kräftiger Schlag trifft meinen nackten Hintern.

»Ab auf die Liege, aber zackig.«

Und noch ein Schlag auf die andere Seite verleiht deinen Worten den nötigen Nachdruck.

»Davon will ich mehr. Was muss ich tun?«

»Leg dich auf die Liege und ich will sehen, was ich für dich tun kann.«

Auf dem Bauch liegend spüre ich das warme Öl auf meinen Rücken tropfen. Warme Hände sind überall und ich fühle genau das, was du eben spüren konntest.

Als sich ein öliger Finger in meinen Po schiebt, erreicht meine Erregung einen ersten Höhepunkt, allerdings ohne, dass mein immer noch steifer Schwanz schon abspritzt.

Es gibt einen Punkt im Körper eines Mannes, der bei einer Berührung so unglaublich geil macht. Durch das viele Öl gleitet auch dein Finger spielend leicht tief in mich hinein und du erreichst diesen Punkt. Etwas ausgeübter Druck, lässt meinen ganzen Körper unkontrolliert zusammenzucken.

»Dreh dich um, mein Schatz. Jetzt besorge ich es dir richtig. Ich möchte dich abspritzen lassen und dir dabei in die Augen sehen, genauso, wie du es vorhin getan hast.«

Ich folge der Bitte sofort und eine Hand schließt sich um den erregten harten Stab. Mit der anderen schüttest du den Rest Öl, der noch in der Flasche ist, über meinen Schwanz. Langsam fängst du an, ihn der Länge nach zu wichsen. Immer schneller werden deine Bewegungen, und du hörst auch nicht auf, als es in hohem Bogen aus der roten Spitze spritzt. Es ist fast unerträglich, wenn du weiterreibst, nachdem mein Orgasmus schon stattgefunden hat, aber hör bloß nicht auf. Deine zweite Hand verreibt die weiße Flüssigkeit, die eben noch in mir gewesen ist, in den Haaren meiner Brust und meines Bauches. Die Haare kräuseln sich und das ist genau der Grund, warum du es tust. Schwer atmend sinke ich zurück auf die Liege und greife nach dir.

»Leg dich auf mich. Ich möchte deine Haut und deine Wärme spüren.«

Du legst dich vorsichtig auf mich. Das Gewicht deines Körpers spüre ich überhaupt nicht, nur die Wärme und die Liebe, die dein ganzes Ich an mich abgibt.

Erst jetzt finden sich unsere Lippen zu einem langen Kuss und unsere Zungen spielen liebevoll miteinander.

Wie lange wir so gelegen haben, weiß ich nicht, es ist mir auch völlig egal, aber als es an der Tür rüttelt, müssen wir wohl doch aufstehen.

Schnell in unsere Bademäntel geschlüpft und die öligen Handtücher in die dafür vorgesehene Box geworfen und wir öffnen die Tür.

Vor uns steht meine Masseurin und lächelt mich an. »Länger können wir auf den Raum nicht verzichten, tut mir leid.«

»Kein Problem. Es ist alles in Erfüllung gegangen, was ich mir gewünscht habe. Danke vielmals für die Zeit, die sie uns gegeben haben.«

Mit einem Augenzwinkern wendet sie ihren Kopf und bereitet den Raum für die nächsten Gäste vor.

Die leichte Rötung auf deinen Wangen sieht supersexy aus.

»Was hast du ihr bloß erzählt, damit sie und mein Masseur uns allein gelassen haben?«

»Das, mein süßer heißer Engel, bleibt das Geheimnis eines schüchternen älteren Herren, der unglaublich verrückt nach dir ist.«

12. EinkaufsTraum

Mein Weg führt mich jeden Tag an diesem Geschäft vorbei. Ich sehe in die Schaufenster und muss an dich und deinen scharfen Body denken. Egal was in diesen Fenstern auch an Mode oder Accessoires angeboten wird, ich kann es mir an dir oder mit dir vorstellen. Irgendwann werde ich dich bei der Hand nehmen und wir gehen mal schauen, was es dort für uns gibt, wo Einkaufen Lust macht.

Dass dies schneller passiert, als ich dachte, sollte ich gleich erfahren.

Aber warum soll ich nicht schon mal allein hineingehen und mir all die Dinge ansehen, die uns beiden Spaß machen könnten. Ich öffne die Tür des Geschäfts und bleibe lächelnd im Eingang stehen. Bei meinem Blick durch den Raum sehe ich eine dunkelhaarige Frau in den Regalgängen stehen. Ich sehe sie nur von hinten, aber den sexy geilen Arsch kenne ich genau. Ich habe ihn schon geküsst, eingeölt, massiert und gevögelt. Leise und ohne, dass sie es merkt, stelle ich mich hinter sie und flüstere leise in ihr Ohr, während ich dem Prachthintern einen Klaps gebe.

»Hallo sexy Mädchen, kann ich Ihnen bei der Suche nach was auch immer behilflich sein?«

Du schaust dich um und das Lächeln um deine Lippen lässt mich wie so oft dahinschmelzen.

Aus deinen Augen strahlt ein Mix aus leichter Überraschung, Liebe und knisternder Erotik.

»Nein mein Herr, ich komme allein klar, aber wenn sie mir noch einmal auf meinen Hintern hauen, verspreche ich Ihnen, dass Sie heute Abend Sex haben werden, wie sie ihn noch nie gehabt haben.«

Du hast diesen Satz noch nicht ganz ausgesprochen, da klatscht es schon kräftig auf beide Seiten dieses geilen Hinterns.

»Okay, Sie wünschen es nicht anders, mein Herr. Sie werden fühlen, was es heißt, Ihrem Frauchen mitten in einem Geschäft auf den Allerwertesten zu hauen.«

Wenn ich mich hier so umsehe, reicht allein die Vorstellung, was du alles mit mir anstellen könntest, um es in meiner Hose immer enger werden zu lassen.

Langsam schlendern wir durch die Gänge und schauen uns die angebotenen Waren an. Es gibt alles, was man sich nur vorstellen kann und unsere Fantasie geht schon hier mit uns auf eine erotische Reise.

»Wollen wir uns gegenseitig überraschen heute Abend? Wir gehen jeder allein und nur ein Teil wird gekauft.«

»Einverstanden.« Ich drehe mich um und beginne, die Regalreihen mit einem ganz anderen Blick zu betrachten. Jedes Produkt stelle ich mir an dir, mit dir oder in dir vor.

Dich mit Handschellen am Bett festzubinden und mit deinem willenlosen Körper machen zu können, was mir gefällt?

Der riesige künstliche Schwanz, der vor mir liegt, ist sicher nichts für deine kleine weiche und so anschmiegsame Muschi.

Dann schon eher der schlanke Kleine mit dem winzigen Zweiten, der gleichzeitig dein nasses Pfläumchen und deinen Traumpo verwöhnen könnte.

Deinen ganzen Körper in enges Latex zu hüllen, auch wenn deine süßen Brüste und deine kleine Lady frei blieben, wäre eine Schande. Die weiche und anschmiegsame Haut nicht zu fühlen, kann und will ich mir gar nicht vorstellen.

Ein Magazin, um gemeinsam darin zu schmökern … oder einen Film? Nein, das probiere ich lieber mit dir live.

Die Peitsche aus weichem Leder hängt unschuldig an der Wand, neben vielen anderen Dingen, mit denen man geilen Schmerz erzeugen und geben kann.

Nur durch das Hinsehen kribbelt es in mir, und zwischen meinen Beinen wird es hart und eng. Deine Fingernägel, die sich beim Vögeln in meinen Rücken krallen und schöne rote Streifen hinterlassen.

Deine Hände, die kraftvoll auf meinen Hintern klatschen.

Alles nichts gegen das Gefühl, wenn du mit deinen Zähnen sanft in meine Brustwarzen oder in die hart geschwollene rote Spitze meines Schwanzes beißt. Aber was wäre es für ein Gefühl, sich ganz in deine Hände zu geben? Dich tun und lassen zu können, was immer du willst. Mich nicht wehren zu können, selbst wenn ich wollte.

Sanften Schmerz zu spüren, während das Verlangen nach dir mich fast um den Verstand bringt. Unglaublich heiß und geil zu sein, und nur dann von dir gevögelt zu werden, wenn du es willst, egal was mein unbändiges Verlangen auch sagt.

Und genauso auch deinem Körper liebevollen Schmerz zu geben, um die Lust und die Gier nach mir ins Unendliche zu steigern, bevor ich mit meinem harten Schwanz in dein weiches Pfläumchen gleite und dich mit tiefen Stößen zu einem Orgasmus vögele.

Wie lange ich so in Gedanken auf das kleine Ding aus Leder gestarrt habe, weiß ich nicht, als mich eine Verkäuferin mit den Worten »Kann ich Ihnen helfen« aus meinen heißen Träumen weckt.

»Nein danke, ich komme allein klar.«

Sie geht mit einem wissenden Lächeln um die Lippen weiter und lässt mich wieder allein.

Nein, eine Lederpeitsche ist es auch nicht, aber was ist das Richtige für die kommende Nacht?

Mein Blick sucht weiter die Regale ab, und da liegt sie. Weiches Leder, um deiner weichen Haut nicht zu schaden, und ein Gummi, damit sie hält.

Das ist es! Ich erinnere mich an Worte von dir, das mal erleben zu wollen. Ich greife danach und gehe schnell zur Kasse, denn ich sehe dich noch im hinteren Teil des Geschäfts und so kannst du nicht sehen, was ich mir für dich ausgesucht habe.

Ein Blick zurück sagt mir, dass auch du auf dem Weg zur Kasse bist und ich gehe schnell zur Tür hinaus, um dir auch die Möglichkeit zu lassen, ungesehen zu zahlen.

Der Abschiedskuss vor dem Geschäft, in dem Einkaufen Lust macht, wird begleitet von unseren glänzenden Augen, in denen sich das Verlangen und die Erwartung auf den heutigen Abend spiegeln.

Zu Hause angekommen, lege ich meinen Einkauf vor mich hin und male mir in Gedanken aus, wie ich dich heute Abend verwöhnen werde. Etwas fehlt noch dazu und ich lege es sofort parat, um es nicht zu vergessen, wenn ich zu dir fahre.

Schnell noch eine Dusche und den Duft, den du so gern magst, auf meine Haut gesprüht, und schon sitze ich im Wagen auf dem Weg zu dir.

Du öffnest die Tür und ich traue meinen Augen kaum. Nackt stehst du vor mir und ich bewundere wie so oft deinen schönen Körper. Ich kann und will mich nicht satt daran sehen.

Die Tür fällt hinter mir ins Schloss und wir sind endlich allein. Das Verlangen nach unseren Körpern, die Gier nach dem unglaublich geilen Sex, den wir uns geben, und die Neugier auf unsere Einkäufe lässt uns nicht lange warten.

Du ziehst mir das Shirt aus, um mit den Händen durch die Haare meiner Brust streicheln zu können.

Sanft ziehst du mich hinter dir her ins Schlafzimmer und mit einem Schubs lande ich auf der weichen Matratze.

»Schließ die Augen und dreh dich um.«

Ich tue gern, was du befiehlst. Auf dem Bauch liegend spüre ich, wie du meine Arme auf den Rücken legst. Kaltes Metall schließt sich um meine Handgelenke und ich weiß in diesem Augenblick, was du gekauft hast.

Unsere Plüschis.

Wir haben so oft davon gesprochen und über Farben und Formen schon herzlich gelacht.

Die Handschellen haben sich gerade geschlossen, als deine Hände klatschend auf meinem Hintern landen.

»Das, mein Süßer, war erst der Anfang. Deinem Frauchen in aller Öffentlichkeit auf den Arsch zu hauen. Strafe muss sein.«

Deine Worte werden begleitet von Fingernägeln, die der Länge nach über meinen nackten Rücken fahren. Sie hinterlassen dort sicherlich tiefrote Streifen, die ich hoffentlich morgen noch spüren werde.

»Umdrehen!« Der Ton in deiner Stimme lässt keine Widerrede zu und doch schüttele ich mit dem Kopf, denn vielleicht bekomme ich ja noch einen Nachschlag. Den Gefallen tust du mir leider nicht. Du kennst meine Vorlieben nur zu gut und das Spiel mit der Lust hat gerade erst begonnen. Sanft, aber bestimmt drehst du mich auf den Rücken. Du stehst vor mir und das Einzige, mit was ich dich berühren kann, sind meine Augen, denn ich liege auf den sich nun unter mir befindenden gefesselten Händen. Davon allerdings mache ich regen Gebrauch. Deine Finger öffnen schnell und geschickt meine Hose und genauso schnell ist sie von meinem Körper verschwunden. Da ich keinen Slip anhabe, liege ich nun auch nackt vor dir.

»Keinen Slip, da hat es wohl jemand eilig, oder? Schließ deine Augen, tu nichts und genieß einfach, was ich mit dir anstellen werde.«

Deine Hände fangen an, meinen Körper zu erkunden. Wie aus dem Nichts ein kräftiger Kniff in beide Brustwarzen gleichzeitig und der Schmerz durchzieht meinen ganzen Body.

Wenn mein Schwanz bisher nicht schon hart stehen würde, wäre er jetzt in Sekundenschnelle zu seiner vollen Größe angeschwollen, denn dieser Schmerz macht mich so unglaublich geil.

Deine Hand wandert zwischen meine Beine und greift nach meinen Eiern. Du hast sie beide in einer Hand und ich merke, dass du unschlüssig bist, wie fest du zufassen kannst.

»Fester, mein Schatz. Ich sage dir, wann ich es nicht mehr ertragen kann.«

Langsam erhöhst du den Druck, während du die Bällchen zwischen den Fingern hin und her flutschen lässt. Es ist nicht zu beschreiben, was es in meinem Unterleib auslöst. Bisher hast du meine Bällchen immer nur sanft mit den Lippen verwöhnt. Ein wunderschönes intimes und wahnsinnig geiles Gefühl, aber ohne, dass ich dieses Ziehen gespürt hätte. Das Gefühl heute ist anders. Es ist überall in der Mitte meines Körpers. Erst als es fast unerträglich wird, gebe ich dir ein Zeichen und der Druck lässt sofort nach.

Kurz lässt du ab von mir, um dich über mich zu knien. Dein kleines Pfläumchen kann nicht weit weg von mir sein. Ich rieche deinen Duft und würde dich jetzt gern mit der Zunge verwöhnen. Dir lang und tief durch deine feuchte Muschi lecken, um diesen heißen Geschmack zu genießen. Ich öffne meine Augen und schaue direkt auf deinen scharfen Hintern. Die leicht geöffneten Lippen deiner Muschi glänzen feucht und sind direkt vor meinem Mund. Ich hebe meinen Kopf an und küsse sie. Wie gern würde ich jetzt meine Hände benutzen, um diesem Traumpo einen liebevollen Klaps zu geben und die feuchten Lippen zu berühren. Ich strecke meine Zunge heraus und versuche, durch die weichen Lippen zu lecken, doch du hebst deinen Po an, sodass meine Zunge ins Leere fährt. Gleichzeitig ist wieder der Druck deiner Hand an meinen Eiern da und es zieht wieder durch meinen ganzen Unterleib.

»Da ist jemand aber gar nicht artig! Nur genießen und nichts tun, hatte ich doch gesagt.«

Wie schwer es bei dem geilen Anblick fällt, nichts tun zu dürfen! Mir kommen meine Gedanken vom Nachmittag in den Sinn. Genauso hatte ich es geträumt, als ich vor der schwarzen Lederpeitsche stand.

Mich ganz in deine Hände zu geben. Ich spüre deine Lippen, die sich um meine Schwanzspitze legen und der erste Biss deiner Zähne lässt mich zusammenzucken. Abwechselndes Saugen und zartes Lecken, der Druck deiner Hände an meinem harten Ständer, der Griff um meine Eier und immer wieder ein zarter Biss, bringen mich in unglaublicher Geschwindigkeit zum Kochen. Dabei den geilen Arsch und eine mittlerweile nasse glänzende Muschi zu sehen, lässt mich mit einem Druck abspritzen, den ich so noch nie gefühlt habe. In dem Moment senkt sich auch der Po. Deine nassen Lippen berühren meine und ich kann endlich etwas von deiner Nässe schmecken.

Die Hand um meinen Schwanz wichst, von meinem Sperma schön gleitend, sanft weiter. »Küss ihn bitte noch einmal. Ich möchte deine weichen Lippen spüren.«

Du senkst den Kopf und mein langsam weicher werdender Schwanz verschwindet zwischen deinen Lippen. Schwer atmend liege ich da und genieße die unglaubliche Entspannung.

»Küss mich bitte auf meine Lippen, ich möchte die Zunge fühlen und schmecken, die eben noch meinen Schwanz geleckt hat.«

Du drehst dich um und deine Lippen legen sich auf meinen Mund. Weiche Lippen, deine warme Zunge und ein salziger Geschmack, ergeben eine wunderbare Mischung in meinem Mund. Gleichzeitig öffnest du die Handschellen und ich kann dich endlich in die Arme nehmen. Du sinkst auf meine Brust und der Kuss unserer Lippen soll bitte niemals enden.

Lächelnd schaust du mich an.

»Überraschung gelungen?«

Ich kann nur ein unglaublich befriedigtes »Ja« heraushauchen.

»Und was hast du gekauft, mein heißer Lover? Ich bin so unglaublich neugierig.«

»Lass mich noch einen Augenblick genießen und meinen Atem zur Ruhe kommen. Ich verspreche dir, du wirst nicht enttäuscht sein.«

In unseren Armen liegend spüren wir den Frieden des Augenblicks. Ohne zu sprechen, nur mit sanftem Streicheln und liebevollen Küssen vergehen die Minuten wie im Flug.

Wie ähnlich unsere Vorstellungen von diesem Abend beim Kauf unserer Überraschungen doch gewesen waren.

Liebe und Leidenschaft geben. Den Körper des anderen ohne jeden Egoismus verwöhnen und doch auch selbst genießen.

»Leg dich auf den Rücken und bleib so entspannt wie im Moment. Schließ deine Augen, genauso wie ich eben, und gib dich dem Gefühl hin.«

Dieser Satz und ein letzter liebevoller Kuss auf deine weichen Lippen beendet unsere Ruhepause. Du tust gern, um was ich dich bitte. Ich erhebe mich und stehe einen Augenblick vor dem Bett und schaue auf dich herab. Der friedlich entspannte Ausdruck in deinem Gesicht zeugt von dem inneren Frieden, den du im Moment erlebst. Ich sehe aber auch wunderbare Kurven, weiche Haut, steif abstehende rote Nippel auf kleinen festen Brüsten und durch die leicht gespreizten Schenkel kann ich auch die Lippen sehen, durch die ich eben meine Zunge habe lecken lassen.

Ich hole meinen Einkauf und knie neben dir nieder. Weiches Leder legt sich über deine Augen und das Gummiband der Augenbinde hält sie am Kopf fest.

»Nur fühlen, nichts sehen!«

Als Nächstes nehme ich mein Handy und die Ohrstöpsel. Sanfte esoterische Klänge von Wellenrauschen eines Meeres kommen aus ihnen.

»Nur fühlen, nichts sehen, nichts hören.«

Mit diesen Worten stecke ich dir die Kopfhörer vorsichtig in die Ohren.

Ob ich deine gekauften Handschellen auch verwenden soll? Nein, ich bin sicher, du kannst dich mir ganz hingeben und nur genießen.

Meine Hände fangen an, dich zu streicheln, und gleiten bis zu deinen Füßen hinunter. Ich habe mir vorgenommen, jeden Zentimeter deines Körpers zu berühren, und fange bei deinen Füßen an. Ich reibe meine Hände mit etwas Öl ein, um sie geschmeidig gleiten lassen zu können, und starte mit jeder Zehe einzeln. Den Fußsohlen widme ich etwas weniger Aufmerksamkeit, denn sie sind dran, wenn ich dich nachher umgedreht habe. Über deine Unterschenkel massiere ich mich langsam nach oben. Mein Blick ist dabei fast immer auf die weichen glänzenden Lippen deiner Muschi gerichtet. Ich kann gar nicht anders, denn ich weiß um dieses unglaubliche Gefühl, welches mir deine Lippen geben können, wenn ich meinen Schwanz zwischen sie schiebe.

Trotz des Abspritzens eben steht er schon fast wieder hart zwischen meinen Beinen. Ich schaue an mir hinunter und denke, jetzt noch nicht, aber bald und dann so, wie du mich noch nie gefühlt hast.

Ein kurzes Streicheln über die noch feuchten Lippen kann ich aber nicht lassen. Ein leises Zucken deines Körpers ist die Reaktion darauf.

Ein sanfter Schlag auf deine Muschi ist der völlige Gegensatz zu den sanft streichelnden Händen und das Zusammenzucken deines Körpers ist viel deutlicher sichtbar als eben.

Über deinen Bauch hinauf zu den kleinen Brüsten ist es nicht weit und ich knete sie sanft und umkreise die roten fest abstehenden Nippel.

Ob du wohl weißt oder ahnst, was jetzt kommt? Ein zärtlicher Biss erst in den einen und dann in den anderen Nippel lässt deinen Body sich kurz aufbäumen.

Ich hoffe, es war nicht zu fest und hat dir den gleichen Schauer durch den Körper gejagt, den ich auch dabei immer spüre.

Auch dein Gesicht, mit dieser superzarten Haut, lasse ich meine streichelnden Hände fühlen, bevor ich kräftig über deinen Kopf fahre und mich mit den Fingerspitzen durch deine Haare wühle.

Ich muss dich küssen. Deine Lippen formen sich erst zu einem Kuss, als ich schon wieder etwas Abstand von ihnen habe. Dies Spiel wiederhole ich so gern. Ich sehe deine Hände sich heben, um mich zu dir zu ziehen, und drücke sie sanft zurück in die Matratze.

Nun möchte ich deine Rückseite verwöhnen. Ich fasse dich an Schulter und Becken und drehe dich genauso um, wie du es vorhin mit mir getan hast. Da ist er. Ich liebe diesen Anblick. Rund, weich und doch so fest, liegt dein geiler Arsch direkt vor mir. Ich kann gar nicht anders, als ihn mit beiden Händen zu berühren. Ein liebevoller Klaps, gefolgt von einem Kuss muss erst mal reichen.

Deine Fußsohlen sind vorhin zu kurz gekommen und das hole ich jetzt nach. Immer wieder knete ich sie kräftig vom Ballen bis zu den Zehen, mit denen ich so gern spiele.

Wenn du auf dem Bauch liegst, ist auch die Muskulatur deiner Schenkel für meine Hände ein Ziel. Die Kraft meiner Hände lasse ich immer wieder wechseln. Mal sanft und eher streichelnd, mal kräftig und tief in die Muskulatur eindringend. So geht es an deinem Körper aufwärts. Deinen Po lasse ich bis auf einen feuchten Kuss auf jede Backe aus und lasse nun Schultern, Nacken und Rücken unter meinen massierenden Händen leicht erröten.

Die geilen Rundungen deines Pos aber bekommen zwischendurch und ohne jede Ankündigung einen kräftigen Klaps. Wie es wohl für dich ist, so aus dem Nichts ein Schmerzelchen zu spüren. Du wirst es mir nachher sagen.

Nun kann ich es nicht länger aushalten und meine Hände gehen dorthin, worauf mein Blick schon die ganze Zeit gerichtet ist.

Ich hebe dein Becken vorsichtig an und du weißt, was ich möchte, und ziehst deine Beine an. Dein Traumhintern ist nun nach oben gestreckt und ich sehe alles, was ich sehen und berühren möchte. Die perfekte Rundung deines Hinterns mit der kleinen Öffnung in der Mitte, und durch die leicht geöffneten Lippen deiner Muschi, erkenne ich die rosafarbenen weichen, feucht glänzenden kleinen inneren Lippen deiner Muschi.

Ich stehe auf, knie mich hinter dich und kann mich bei dem Anblick fast nicht beherrschen. Mein Schwanz steht hart und zeigt genau in die Richtung der duftenden feuchten Lippen.

Noch nicht!

Lecken, tief durch deine Muschi und mit schnellen Zungenschlägen die kleine harte Perle reizen. Was für ein weiches Gefühl, was für ein Geschmack. Tief eintauchen lasse ich meine Zunge und vögele dich so schon mal ein bisschen mit ihr.

Ich erkenne auf beiden Seiten deines Hinterns die blassroten Flecken der sanften Schläge von vorhin.

Die Gedanken, die ich beim Anblick der schwarzen Lederpeitsche hatte, sind wieder da.

Ein Daumen verschwindet in dem nassen Pfläumchen und bei jeder Bewegung hinein klatscht meine Handfläche abwechselnd auf deine weichen Arschbacken. Die blassroten Stellen färben sich etwas dunkler.

»Fick mich! Fick mich jetzt! Steck mir endlich deinen harten Schwanz in meine feuchte Muschi.« Die Worte kommen stoßweise und etwas keuchend aus deinem Mund.

Ich war so vertieft darin, deinen süßen Hintern und die feuchten Lippen zu reizen, dass ich auf das verräterische Zucken deines Körpers kurz vor deinem Höhepunkt gar nicht geachtet habe. Ich höre, auf dich mit einem Finger zu verwöhnen, und greife zu der Flasche mit Öl.

Das letzte Utensil, das ich mitgebracht habe, ist ein kleiner unscheinbarer Gummiring. Da du nichts siehst, weißt du auch nicht, was jetzt auf dich zukommt, was du jetzt gleich fühlen wirst.

Ich nehme das Öl und lasse es über meinen Schwanz und den Sack laufen. Vorsichtig schiebe ich ein Ei nach dem anderen durch den Ring. Zuletzt noch meinen im Moment nicht harten Schwanz hindurch. Ich schiebe den Ring bis ganz nach unten und massiere meinen Schwanz selbst ein wenig. Er füllt sich immer mehr mit Blut und da es nicht zurückfließen kann, wird er so dick wie sonst nie. Die Adern quellen hervor und seine Härte ist unglaublich. Dunkelrot, schon fast lila ist die pralle Eichel, die ich an deiner Muschi ansetzte. So hast du meinen Schwanz noch nie gespürt und ich bin auf deine Reaktion gespannt. Langsam schiebe ich den prallen Ständer in deine nasse Muschi und vögele dich mit tiefen langsamen Stößen von hinten.

Das Stöhnen aus deinem Mund und das Winden deines Bodys zeigen mir, wie gut dir das gefällt. Du reißt dir die Augenbinde und die Kopfhörer herunter. »Nicht aufhören. Hör bloß nicht auf damit!«

Die letzten Worte gehen schon in einem erregten Stöhnen unter und ein leiser Schrei lässt dich auch für mich hörbar kommen.

Dich jetzt weiter zu vögeln, liegt nicht nur in deinem Interesse. In meinem Unterleib kocht es auch und das angenehme Ziehen steigert sich immer mehr. Durch den Gummiring können sich meine Nüsschen kurz vor meinem Höhepunkt nicht zurückziehen und es ist ein Gefühl, als wenn ich platzte. Ich fülle dich aus, die vorstehenden Adern an meinem Ständer reiben so geil im inneren deiner nassen Muschi. So intensiv und geil habe ich es bisher nicht gespürt.

Mit einem Druck, der sonst nicht mal halb so stark ist, spritzt es aus mir heraus und tief in dich hinein. Ob du diesen Moment auch anders empfunden hast als sonst? Auch das werde ich erfahren.

Langsam beginnen mein Schwanz und mein Sack zu schmerzen. Das geile Gefühl, dich mit meinem durch den Ring so dicken Schwanz zu vögeln, dich noch mehr auszufüllen als sonst, hat diesen Schmerz nicht fühlbar gemacht.

Jetzt aber muss der Ring sofort ab, allein schon, um dem Blut den Weg zurück zu öffnen. Mit leisem Bedauern gleite ich aus dir heraus. Ein letzter sehnsüchtiger Blick auf deine kleine nasse Lady, die sich hinter meiner Spitze wieder schließt und ich kann den Ring entfernen.

Sofort lässt der Druck nach und bevor mein nass glänzender Ständer wieder weich wird, gleite ich zurück in deine nasse Muschi, um dich noch so lange wie möglich zu genießen.

Bevor du dich auf die Matratze sinken lässt, küsse ich die Lippen, die meinen steifen Schwanz eben noch umschlossen haben. Sie sind noch ein wenig geöffnet, heiß, feucht und ein Geschmack nach unserer frischen Liebe macht sich auf meinen Lippen breit.

Ich lasse meine Zunge noch einmal tief durch deine Muschi gleiten. Es ist glitschig und warm. Mein Saft, der sich mit deinem vermischt hat, fängt an, in kleinen weißen Bächen, aus den leicht geschwollenen rosa Lippen deiner Muschi zu laufen.

Du sinkst nach unten und drehst dich auf den Rücken.

»Küss mich bitte, ich möchte uns auch schmecken.«

Sehr gern erfülle ich dir diesen Wunsch und lasse mich vorsichtig auf dich sinken.

Meine Lippen finden deine, meine Zunge spielt mit deiner und gibt dir etwas von unserem gemeinsamen Geschmack ab.

Deine Arme schließen sich um mich und ziehen mich ganz dicht an dich heran.

»Shoppen, wo Einkaufen Lust macht.« Ein Lächeln tanzt auf deinen Lippen.

»Vögeln, sodass es geil macht«, antworte ich mit gleichem Lächeln.

13. GartenTraum

Ein heißer Tag nähert sich dem Ende. Die Sonne versinkt langsam hinter den Häusern und macht einem sanften Rot am Himmel platz. Langsam bekommen wir wieder etwas Luft und der Schweiß rinnt nicht mehr in Bächen an meinem Körper hinunter. Eine kühle Dusche, bevor wir uns zum Abendessen auf die Terrasse setzen, weckt die Lebensgeister. Der Himmel verdunkelt sich langsam. Kerzen und der langsam heller werdende Mond bringen uns in eine ruhige und romantische Stimmung. Dein leichtes Sommerkleid weht sanft im Wind. Du trägst nichts darunter und ab und zu, wenn der Wind es gut mit mir meint, erhasche ich einen Blick auf die weichen Lippen zwischen deinen Schenkeln. Auch die kleinen Nippel auf deinen Brüsten sind von der warmen Brise hart geworden und zeichnen sich deutlich durch den Stoff des Kleides ab.

Ich sitze schon lange nur im Slip hier, denn mehr ist bei den Temperaturen eine Qual für mich. Ich streiche gedankenverloren über meine Brust, während ich dich ansehe, und auch meine Nippel sind hart und steif. Ein Lächeln huscht über deine Lippen und du beugst dich zu mir herüber. Liebevoll nimmst du meine Hand von meiner Brust und ersetzt sie durch deine.

Feucht küsst du meine harten Nippel und saugst ein wenig daran, bevor du sanft zubeißt. Wie Stromschläge zieht es durch meinen Körper und ich lehne mich zurück. Ich hebe meine Arme hinter meinen Kopf und lasse deinen Händen freie Bahn.

Deine Fingernägel streichen über meine Arme und durch die rasierten Achseln abwärts bis hin zu meinem Slip. Durch die Haare über Bauch und Brust zurück, suchen sie meine harten Nippel, um erneut mit ihnen zu spielen. Du feuchtest deine Finger mit deinem Mund an, um so für ein intensiveres Gefühl zu sorgen. Mit Druck zwischen Daumen und Zeigefinger reibst du sie und ein Kneifen mit den Nägeln jagt mir den gleichen Schauer durch den Körper wie eben, als deine Zähne sanft zugebissen haben.

Mein Blick fällt auf die beiden Liegen, die einsam auf dem Rasen stehen. Ich löse mich von dir und nehme dich bei der Hand. Die Polster darauf lassen unsere Körper weich liegen. Ich stehe noch einmal auf und hole ein Glas Wein für jeden von uns. Auch die Kerze bringe ich mit, um in deine schönen Augen sehen zu können. Stimmen aus den Nachbargärten stören die Stille nur ein wenig. Unser Blick geht nach oben und fällt auf ein Himmelszelt voller Sterne, das uns zudeckt. Der warme Wind streicht über unsere Körper. Ich möchte deinen überall spüren und ziehe meinen Slip aus, sodass ich völlig nackt bin. Ich schaue zu dir und sehe mit Freude und Begierde im Blick, dass du genauso gefühlt hast. Nackt und wunderschön liegst du neben mir und schaust zu mir zurück.

Leise klingen die Gläser und die flackernde Kerze lässt die samtweiche Haut deines Körpers in immer wieder anderem Licht strahlen.

»Mir wird langsam etwas kalt.«

Du hättest es nicht sagen müssen. Deine Haut und die kirschroten hart stehenden Nippel zeigen es sehr deutlich.

Ich stehe auf und beuge mich über dich. »Ich hole uns die Bettdecken und Kissen von oben.«

Bevor ich gehe, nehme ich die roten Spitzen deiner Brüste zwischen meine Lippen und spiele mit meiner Zunge daran. »Bis gleich. Lauf nicht weg.« Das Kopfkissen unter deinen Kopf und mit der Decke deinen schönen Körper zuzudecken, ist nicht das, was ich wirklich will, aber wo ich nichts sehen kann, da fühle ich eben.

Ich nehme meine Auflage für die Liege und knie mich neben dich. Meine Hände gleiten unter die Decke und über deinen Körper. Unsere Lippen vereinen sich weich und feucht zu einem langen liebevollen Kuss.

Meine Lippen lösen sich von deinen und ich küsse mich langsam, keinen Millimeter auslassend, an deinem Körper hinunter. Vorbei an zwei weichen Brüsten, die ich eben schon geküsst habe, geht es abwärts bis hin zu deinen Zehen. Der Duft, der mir im Vorbeigleiten in die Nase steigt, kommt von deiner kleinen Lady, die ich bisher noch nicht mit Küssen bedacht habe, und es erregt mich wie jedes Mal, wenn ich ihn rieche.

Ich liebe es, mit deinen Zehen zu spielen und sanft deine Fußsohlen zu massieren. Langsam gleite ich wieder aufwärts und deine Beine spreizen sich, je höher ich komme. Da ist er wieder, dieser Duft, der meine Sinne so erregt. Ein erster vorsichtiger Kuss auf die weichen Lippen deiner Lady bringt ein leichtes Zittern in deinen Körper.

Ich weiß, du liebst die Weichheit meiner Zunge, wenn sie durch die Lippen deiner Muschi leckt. Langsam, ganz langsam teile ich diese Lippen und lasse meine Zunge durch sie gleiten. Dein Geschmack ist wie dein Geruch so unglaublich erregend für mich. Immer wieder gleite ich durch die immer feuchter werdenden Lippen und die kleine Perle am Ende wird mit jeder Berührung härter. Ich sauge deine weichen Lippen vorsichtig ein und lasse sie flutschend wieder frei.

Das Gefühl dieser weichen Lippen in meinem Mund ist unbeschreiblich und ich wiederhole es nicht nur einmal. Genauso wird auch die kleine Perle von meinen Lippen verwöhnt und die Reaktion deines Körpers zeigt, wie gern du es hast.

Einmal noch tief mit der Zunge in dich eintauchen und dann will ich nur noch mit der Perle spielen. Mit der Zungenspitze kreise ich immer wieder um sie und leichte Zungenschläge bringen dich dem Punkt näher, den ich dir geben möchte.

Ich spüre es, wenn es dir kommt, wenn du den höchsten Punkt der Lust erreicht hast. Deine Schenkel drücken an die Seiten meines Kopfes und ich höre dich sagen: »Hör nicht auf, hör bitte nicht auf. Es ist so schön.«

Den Wunsch erfülle ich dir so gern. Ein erregtes Stöhnen gefolgt von einem leisen Schrei entrinnt deiner Kehle und dein Körper windet sich im Rausch deines Höhepunkts. Deine Hände halten sich in meinen Haaren fest und drücken meinen Kopf in deinen Schoß. Ein kleiner Schwall deiner heißen Flüssigkeit ergießt sich über meine Lippen und ich sauge in begierig auf.

Ich verlangsame die Bewegungen meiner Zunge, aber aufhören werde ich noch nicht. Erst als dein Körper sich langsam entspannend streckt, lasse ich von dir ab und komme unter der Decke hervor. Ich küsse dich auf deinen Mund. »Schmeckst du dich?« Der friedliche entspannte Gesichtsausdruck lässt mich ahnen, auf welcher Wolke du gerade schwebst. Als Antwort bekomme ich nur ein leises Nicken und dein Mund formt sich wieder zum Kuss.

»Küss mich und halt mich in deinen Armen.«

Diese Momente der Entspannung lassen uns die Zeit, wieder die Sterne über uns und uns in ihrem Licht in die Augen zu sehen. Die Gläser mit Wein treffen sich zu einem leisen Klingen, bevor du aufstehst auf und mich mit hochziehst. Du nimmst deine Auflage und legst sie mit meiner zusammen auf den Rasen.

»Leg dich hin und lass dich genauso verwöhnen, wie du es mit mir getan hast.«

Ich folge dir so gern und lege mich auf die weiche Unterlage. Ein Kopfkissen unter meinem Kopf macht es mir noch bequemer, sodass dem Genießen nichts, aber auch gar nichts mehr im Wege steht.

Mit der Decke über den Schultern beugst du dich über mich. Ein erstes Streicheln durch die Haare auf meiner Brust und deine Lippen schließen sich um die hart gewordenen Nippel und saugen sanft daran.

Langsam küsst auch du dich abwärts und ich warte sehnsüchtig auf das Gefühl, wenn deine Lippen meinen harten Ständer berühren. Ein weicher Kuss auf die Spitze zum Anfang lässt einen ersten heißen Schauer durch meinen Körper ziehen. Ich schließe meine Augen und will nur noch fühlen. Es wird warm und weich um meinen Schwanz und ich weiß, ohne es zu sehen, dass du deine Lippen geöffnet hast und die Spitze in deinem Mund verschwunden ist. Deine Zunge leckt sanft um meine Eichel und an der ganzen Länge abwärts zu meinem glatt rasierten Sack mit den Nüsschen.

Ich weiß, was jetzt kommt, und es ist so unglaublich heiß und intim. Zu spüren, wie du ein Bällchen nach dem anderen in deinem Mund einsaugst und damit spielst, ist zum Verrücktwerden geil. Unterschiedlicher Druck deiner Hand am Schaft meines Schwanzes verstärkt dies Gefühl noch zusätzlich.

Ich merke schon, wie es langsam in mir anfängt, heiß zu werden und das geile Ziehen in meinem Unterleib beginnt.

Ich möchte aber hier draußen mit dir schlafen, möchte

die Wärme deiner nassen Muschi fühlen, möchte tief in dich eintauchen und dann mit dir zusammen zum Höhepunkt kommen. Ich greife an deine Hand und stoppe die massierenden Bewegungen und du verstehst sofort.

»Ich möchte dich lieben. Möchte hier unter den Sternen und im Kerzenschein deinen traumhaften Körper auf meinem spüren. Schlaf mit mir, mein heißes Mädchen, jetzt und hier.«

Du legst dich auf mich und deine Lippen finden wieder die meinen.

»So gern, mein Schatz, nichts anderes möchte ich jetzt lieber tun.«

Du löst dich von meinen Lippen und kniest dich über mich. Eine Hand greift wieder an meinen Schwanz und führt ihn direkt vor die nassen Lippen deiner Muschi. Langsam bewegt sich dein Traumpo abwärts, und ich spüre es, wie ich warm und glitschig in dich hineingleite. Dein Körper senkt sich langsam auf mich und ich spüre deine harten Nippel an meiner Brust, bevor die weichen Kugeln in meine Haare eintauchen.

Unsere Lippen finden sich wieder und dein Becken fängt ganz langsam an, sich zu bewegen.

Keine schnellen Bewegungen, denn der Ort und die Romantik des Augenblicks lassen nur sanftes, aber umso tieferes Gleiten zu.

Ganz tief in dir spüre ich, wie die Spitze meines Schwanzes etwas berührt.

Nie war ich tiefer, nie tiefer in dir!

»Ja, mein Engel, beweg deinen süßen Hintern. Lass deine Muschi über meinen Schwanz gleiten. Lass mich spüren, wie sehr du mich willst, und lass mich spüren, wie geil es dich macht, wenn mein Schwanz dich ausfüllt.«

Mein Puls fängt an, schneller zu schlagen, und ich spüre es warm in mir werden. Ich höre und fühle auch deinen Atem schneller gehen und wünsche mir, dass wir im selben Augenblick unseren Orgasmus haben.

Die Muskulatur deiner Muschi umschließt meinen Schwanz immer stärker und reizt mich umso mehr. Aufhalten kann ich es nicht, aber mein Wunsch geht in Erfüllung. Ich höre und fühle es, wie der Höhepunkt deinen Körper durchzieht und im gleichen Moment spritzt tief in dir mein heißer Saft aus meinem Schwanz heraus und verteilt sich warm und glitschig in deiner Muschi.

Ein paar letzte sanfte Bewegungen und du liegst still auf mir. Ich spüre unsere schnellen Herzschläge und unser beider Atem beruhigt sich nur langsam wieder.

»Bleib so liegen, mein Schatz. Ich möchte in dir bleiben, solange es geht. Möchte dieses warme weiche, glitschig heiße Gefühl genießen, solange es geht.«

Leider spüre ich schon jetzt, wie mein Schwanz langsam an Härte verliert. Nach einer gefühlten schönen kleinen Ewigkeit rutscht er aus dir heraus. Der Schwall unserer heißen Flüssigkeit, den er mit aus dir herausnimmt, verteilt sich zwischen unseren Körpern und sorgt für ein warmes gleitendes Gefühl zwischen uns.

Du streckst dich lang aus und ich spüre dich am ganzen Körper. Haut an Haut, so wunderschön weich und warm. Meine Arme schlingen sich um dich und dein Gewicht macht mir nichts aus.

So möchte ich schlafen. Körperlich unglaublich befriedigt und zugedeckt von dir und deinem Körper sowie den Sternen, die über uns leuchten.

14. StrandTraum

Der Urlaub ist schon lange gebucht und der Abflugtag ist heute. Unsere Koffer sind gepackt und im Wagen verstaut. Wir haben uns so lange auf Sonne, Sand und Meer gefreut und nun ist es so weit.

Die Fahrt zum Flughafen, Koffer abgeben und einchecken, die Zeit vergeht wie im Flug. Der Flieger beschleunigt mit vollem Schub. Ich finde es unglaublich irre, merke aber, dass dir etwas mulmig ist, und nehme dich sanft an der Hand.

Der Flug vergeht schnell und der Flieger setzt zur Landung an. Sanftes Aufsetzen, Ausrollen und schon geht die Tür auf. Eine Hitzewelle strömt uns entgegen und wir sind froh, dass wir nach kurzer Passkontrolle im klimatisierten Bus sitzen. Wir machen es uns bequem, dein Kopf ist an meine Schulter gelehnt und wir hängen etwas unseren Gedanken nach, bis wir am Hotel angekommen sind. Die Koffer ins Zimmer, die Tür schließt sich und wir sind endlich angekommen und allein.

Nicht nur die Hitze des Tages lässt uns die Klamotten vom Leib reißen. Auspacken tun wir später, denn ab jetzt ist Zeit nicht mehr wichtig. Als ich mich umdrehe, sehe ich nur noch deinen süßen Hintern im Bad verschwinden und höre das Wasser der Dusche. Nackt wie ich bin, folge ich dir, aber für uns beide ist die Dusche leider zu klein. An die Wand gelehnt beobachte ich dich und bewundere einmal mehr, wie schön du doch bist. In meinen Händen kribbelt es und ich kann gar nicht anders. Den Schaum des Duschgels auf deinem Rücken zu verteilen und dich dabei streicheln zu können, ist einfach ein schönes Gefühl. Sanft massiere ich auch diesen scharfen Po und ein Klaps auf jede Seite lässt den Schaum in alle Richtungen fliegen.

»Dreh dich um, mein heißer Traum.«

»Nix da. Raus jetzt hier. Sonst werde nie sauber.«

Sanft, aber bestimmt schiebst du mich zur Badezimmertür hinaus.

Ein letzter sehnsüchtiger Blick auf dich und deinen Traumbody und ich verlasse schweren Herzens das Bad.

Ich weiß, Mädchen brauchen ihre Badzeit, aber welcher Mann wird bei diesem Anblick nicht scharf darauf sein, diesen heißen Body auf der Stelle zu lieben. Ich sehe an mir hinunter und es ist deutlich zu sehen, wie gern ich das jetzt tun würde. Lächelnd kommst du, in ein leichtes Sommerkleid gehüllt, aus dem Bad und schaust auf meinen immer noch nackten Körper. »Nein, mein Schatz, jetzt nicht. Auch wenn es verlockend aussieht, was da so schön in der Gegend rumsteht. Ich will Strand und Meer sehen, also marsch unter die Brause.«

Kaltes Wasser kühlt mein Verlangen und kurze Zeit später sind wir unterwegs zum Strand. Das warme Wasser des Roten Meeres umspült unsere Knöchel, während wir in der ägyptischen Abendsonne am Strand entlanggehen.

Den Frieden und die Ruhe des Augenblicks genießend legst du deinen Arm um meine Hüften und ganz leise flüsterst du mir ins Ohr. »Jetzt könnte ich dich lieben. Hier im warmen Sand mit dir fortschweben und unsere Körper sich dem Gefühl ergeben lassen.«

»Dann lass uns schwimmen gehen, damit mein heißes Mädchen sich ein weinig abkühlt.«

Dein Sommerkleid und meine Shorts fliegen davon, und das warme Wasser des Meers umschließt unsere aufgeheizten Körper.

Wir schwimmen um einen kleinen Felsvorsprung herum und finden uns in einer kleinen Bucht wieder, die wie geschaffen ist für uns zwei.

Ich stehe schon auf dem kleinen Stück Strand und beobachte, wie du langsam aus dem Wasser kommst. Mit jedem Schritt wird mehr von dem Traumkörper sichtbar und mir verschlägt es fast die Sprache. Erst sehe ich deine süßen Brüste nackt aus dem Wasser kommen und ein paar Schritte später steht der ganze Körper nackt vor mir. Deine weiche zartbraune Haut glänzt feucht im Sonnenlicht, während die Perlen des Salzwassers an dir hinunterlaufen.

Lächelnd schleuderst du deinen Bikini in den Sand. Nur wenige Schritte trennen uns noch und du liegst in meinen Armen.

Warmer Sand unter meinen Füßen, die heiße Sonne auf meiner Haut und deinen superheißen Körper in meinen Armen, was kann ich mir mehr denken oder wünschen.

Deine Hände streicheln sanft über meinen nackten Rücken und ich schließe genießerisch die Augen.

Ich spüre, wie deine Hände immer tiefer wandern und du gleichzeitig in die Knie gehst. Mit der gleichen Bewegung verschwindet meine Badehose von meinem Körper.

Du greifst fest in meine Pobacken und ziehst mich zu dir heran. Ein Kuss deiner weichen Lippen auf die Spitze, die sich zu dir streckt, lässt einen wohligen Schauer durch meinen Körper rieseln.

Ich schaue an mir hinunter und sehe gerade noch, wie sich deine Lippen öffnen und sie sich um meine Schwanzspitze schließen. Immer tiefer gleite ich zwischen deine Lippen und das erste sanfte Saugen von dir schließt meine Augen wieder. Dies Gefühl, so unglaublich intim und wunderschön, ist ein Genuss, der fast unbeschreiblich ist.

Ich fühle eine deiner Hände, die sich fest um den harten Ständer schließt und mit kräftigem Druck anfängt, ihn zu massieren. Die zweite Hand lässt meine Bällchen sanft hin und her gleiten. Ich greife mit beiden Händen in dein nasses Haar und lasse meine Fingerspitzen kräftig über deine Kopfhaut wandern. Der liebevolle Biss in das weiche Fleisch meiner Eichel kommt unerwartet und lässt meine Knie weich werden und unkontrolliert zittern. Deine feuchte Zunge fährt über die ganze Länge meines harten Ständers, bis deine Lippen die Bällchen berühren und sie sanft zwischen sie flutschen. Ein unbeschreiblich geiles Gefühl und das Zittern meiner Knie hört überhaupt nicht mehr auf.

Ich will nicht, dass diese berührende Intimität aufhört, aber wenn ich dich jetzt nicht bremse, ist es um mich geschehen und es wird aus meinem pulsierenden Schwanz herausspritzen, ohne dass ich es noch verhindern könnte. Sanft hebe ich dich zu mir hoch und mein Mund küsst die Lippen, die eben noch meinen Schwanz umschlossen hatten. Nun ist es an mir, vor diesem wunderschönen Körper niederzuknien. Kaum haben meine Knie den warmen Sand berührt, rieche ich auch schon den Duft deiner feuchten Lady. Aber bevor ich den ersten Kuss auf diese warmen weichen Lippen legen kann, gibst du mir einen sanften Schubs und ich liege auf dem Rücken im warmen Sand. Lächelnd stehst du über mir und schaust auf mich hinab.

Einen Schritt und noch einen zweiten. Du stehst über mir und mein Blick kann sich von der glänzenden Muschi nicht lösen. Ganz langsam kniest du nieder und die weichen Lippen kommen meinen Lippen immer näher. Die erste Berührung mit meinen Lippen und du bleibst in dieser Position.

Duft, unglaubliche Weichheit und der Geschmack deiner kleinen Lady rauben mir die Sinne. Jetzt kann ich dich küssen. Kann mit der Zunge durch die feuchten Lippen lecken. So, wie du es mit meinen Bällchen getan hast, tue ich es jetzt mit deinen Lippen. Eine nach der anderen sauge ich in meinen Mund und lasse sie hin und her gleiten. Heiße Feuchtigkeit benetzt meine Lippen und ich sauge sie gierig auf. Nachdem meine Zunge tief in dich hineingeglitten ist, spüre ich, wie sich dein Body weiter senkt, um dies Gefühl noch tiefer zu spüren.

Du drückst die weichen feuchten Lippen fest auf meinen Mund und dein Becken bewegt sich langsam hin und her. Meine Zunge bleibt bewegungslos, sodass du es selbst steuern kannst, wo du sie spüren möchtest. Meine Hände greifen in die weichen Backen deines scharfen Hinterns, ziehen sie sanft auseinander und geben ihnen immer wieder einen kräftigen Klaps, um dann erneut zuzufassen.

Ich möchte dich spüren, möchte tief in dich eintauchen, möchte dich lieben. Jetzt! Dir dabei tief in deine schönen Augen sehen, meine Arme um dich legen und dich sanft mit meinen Händen streicheln.

Liebevoll, aber bestimmt schiebe ich deinen Prachthintern von meinen Lippen weg in Richtung meines harten Schwanzes.

Du rutscht langsam tiefer und kommst mit deinem Oberkörper immer näher zu mir.

Ohne die Bewegung zu stoppen, gleitet mein Schwanz in deine feuchte Muschi und ich spüre deine kleinen Brüste mit den harten Nippeln auf meiner Brust.

Ich ziehe dich ganz nah zu mir heran und unsere Lippen finden sich zu einem langen, sehr langen Kuss.

Unter mir spüre ich den warmen Sand, auf mir die weiche Haut einer wunderschönen Frau, die ich mir schöner und liebevoller nicht vorstellen kann. Glück, was willst du mehr.

Langsam beginnt sich dein Becken zu bewegen und ich spüre die feuchte Wärme deiner Muschi, die mich so sanft und doch so fest umschließt.

Immer wieder gleitet mein harter Stab in dich hinein und es ist so wunderschön glitschig warm in dir.

Das Wasser einer Welle umspült meinen aufgeheizten Körper und verliert sich wieder in den Weiten des Wassers, ohne mich wirklich abzukühlen. Wie auch? Wer seinen Schwanz in der Muschi der heißesten Frau unter der Sonne hat und von ihr sanft gevögelt wir, den kann nichts abkühlen.

Was ist die Hitze Ägyptens gegen das Kochen unserer Körper, während wir langsam, aber unaufhaltsam unserem Höhepunkt entgegenvögeln.

Mit einem wohligen Stöhnen aus meiner Kehle und mit vor Genuss geschlossenen Augen komme ich tief in dir. Ich spüre, wie sich mein heißer Saft mit deinem verbindet und das Gleiten in dir immer intensiver macht.

Der immer stärker werdende Druck, den deine Muschi auf meinen Schwanz ausübt, zeigt mir, dass auch du fast den Punkt erreicht hast, den wir uns immer wünschen, wenn wir miteinander schlafen. Ein leiser Schrei begleitet das Zittern deines Körpers, während du dich den Wellen deines Orgasmus hingibst.

Nach einer gefühlten Ewigkeit, in der wir regungslos den erlebten Genuss durch unsere Körper ziehen lassen, legst du dich neben mich. Das Wellen des Roten Meers umspülen unsere erhitzen Körper, während warme Sonnenstrahlen unsere Haut streicheln.

Du liegst in meinen Armen und die Augenblicke werden zur Ewigkeit. Kein Wort zerstört die Stille des Moments.

Erst als die Sonne langsam im Meer verschwindet, erheben wir uns, ziehen unsere Badesachen an und schwimmen die kurze Strecke zurück.

Im Urlaub angekommen!

Dein Blick sagt mehr als tausend Worte und ich gebe dir mit einem leisen Nicken recht.

15. SMS-Traum

Ich werde ohne das Klingeln des Weckers früh am Morgen wach. Es ist noch dunkel draußen, aber ich muss aufstehen, denn mein Vierbeiner muss nach draußen.

Kalte Winterluft schlägt mir entgegen und ich freue mich schon jetzt auf das wärmende Kaminfeuer, das ich eben angezündet habe.

Kaum wieder da, klingelt mein Handy mit dem ganz bestimmten Ton, der mir sagt, dass du es bist.

Ein Gutenmorgengruß mit einem Kuss am Ende.

***

Guten Morgen, mein Schatz. Ich hoffe, du hast gut geschlafen. Einen sanften Kuss für deinen Tag.

***

Die Vorstellung, wie du nackt unter der warmen Decke liegst, erregt mich und in mir reift eine Idee.

Ich würde gern bei dir sein und deinen nackten Körper streicheln und ihn lieben. Meine Finger fliegen über die Tastatur meines Handys und ich frage dich, was du gerade tust.

Du antwortest schnell und ich erfahre:

***

Ich habe noch keine Lust aufzustehen und deswegen bin ich mit dem ersten Morgenkaffee wieder zurück ins Bett und unter meine warme Decke gekrabbelt.

***

Ich frage dich, ob du schon lange wach bist und was du schon getan hast an diesem Morgen?

Deine Antwort kommt wieder schnell.

***

Ganz früh am Morgen war ich schon einmal wach und habe an dich gedacht. Wie von allein sind meine Hände über meinen Körper geglitten und haben mich sanft gestreichelt. Während ich mir vorgestellt habe, du wärst bei mir, habe ich mir mit dem kleinen Freund, der immer in der Schublade neben meinem Bett liegt, einen ersten Genuss für den Tag erstreichelt. Danach bin ich befriedigt, entspannt und friedlich wieder eingeschlafen.

***

Ich weiß, dass du nach einem Orgasmus gern sanft ins Land der Träume gleitest. Deine Zeilen machen mich heiß und ich will mehr an diesem Morgen. Ich sende dir einen Teil einer erotischen Geschichte, die ich selbst geschrieben habe, und schreibe dir dazu, dass einem zweiten Genuss ja nichts im

Wege steht. Dann warte ich auf deine Reaktion.

Deine Antwort kommt sofort.

***

Ein zweiter Genuss am Morgen wäre schön, nichts treibt mich aus dem Bett und ich habe ja die Zeit für mich.

***

Sofort schicke ich dir den zweiten Teil der Geschichte und frage dich danach, was du gerade tust.

***

Ich habe meinen Kaffee an die Seite gestellt und bin tiefer unter meine Decke gerutscht. Meine Hände fühlen, wie erregt mich dein Text gemacht hat. Sie gleiten über meinen nackten Körper und fühlen die harten Knospen meiner weichen Brüste. Ein sanfter Kniff, so, wie du es immer bei mir tust, löst einen wohligen Schauer aus.

***

Meine Jeans wird langsam eng und ich sende dir den dritten Teil der Geschichte.

Es dauert einen Moment, bis deine Antwort kommt.

***

Meine Hand ist tief zwischen meine Beine gerutscht und streichelt meine heißen Lippen. Der pulsierende harte Kitzler steht zwischen ihnen hervor und ich spüre ihn bei jeder Bewegung meiner Hand.

***

Meine Frage, ob du dir vorstellen könntest, dass es meine feuchte, warme, weiche Zunge ist, die jetzt über deinen harten Kitzler leckt, beantwortest du nur mit einem genießerischen

***

Hhhmmmm.

***

Ich habe mir mittlerweile die enge Jeans ausgezogen und mich auf mein Bett gelegt. Nachdem ich dir das geschrieben habe, antwortest du mir erst nach einer kleinen Pause.

***

Meine Hände streicheln und massieren meinen harten Kitzler. Ich habe meine Augen geschlossen, und in meinem Traum bist du jetzt bei mir. Bereite dir doch auch etwas Spaß und lass deinen Zauberstab deine Fantasie ausleben.

***

Ich tue genau das, was du mir eben geschrieben hast. Mein Slip fliegt in die Ecke und ich liege nackt auf meinem Bett. Meine Hand greift nach dem Stab, der hart von mir absteht. Mit der zweiten Hand streichele ich sanft über den glatt rasierten festen Sack, in dem die kleinen Bällchen sind. Mit leichtem Druck, der immer einen geilen Schmerz hervorruft, lasse ich die Bällchen zwischen meinen Finger hin und her flutschen. Mit kräftigem Druck und schnellen Bewegungen massiere ich nun meinen Ständer.

Mein Handy klingelt und kündigt eine SMS von dir an.

***

Meine linke Hand gleitet zwischen den Lippen ins Nasse. Ganz langsam rutscht ein Finger etwas tiefer. Die anderen Finger massieren meinen harten Kitzler und ich spüre den heißen Liebessaft: Ich spüre die Hitze in meinem Schoß und massiere jetzt fester und schneller. Mein Herzschlag wird lauter und ich stöhne leise. Ich spüre, wie ich komme, eine Explosion, die mich völlig weit wegführt. Ich schwebe.

***

Ich nehme die Hand von meinem Ständer und mache eine Pause, sodass meine Erregtheit wieder etwas abklingt. Deine Zeilen machen mich so unglaublich scharf und ich schreibe dir zurück, dass meine Hand über die glatt rasierten Bällchen gleitet, sie sanft knetet und ich meinen harten Schwanz kraftvoll massiere, während ich mit geschlossenen Augen von dir träume. Während ich dies schreibe, kann ich gar nicht anders.

Meine Hand wandert wieder zwischen meine Beine und mit schnellen Bewegungen bringe ich mich wieder kurz vor meinen Höhepunkt. Früh genug höre ich aber auf, sodass ich noch nicht abspritze. Ich will mich noch ein wenig quälen, denn dies Gefühl, kurz vor dem Orgasmus ist zu geil. Nachdem meine Zeilen an dich rausgegangen sind, kommt sofort eine Antwort.

***

Hhhmmm, ich würde tiefer rutschen. Ihn mit meinen Lippen umschließen. Mit meiner Zunge leicht über ihn lecken und dann wieder Hochrutschen, sodass die feuchten Lippen zwischen meinen Schenkeln ganz nah an ihm sind. Jetzt spüre ich ihn und fühle, wie du zwischen meine Lippen gleitest.

***

Das ist es, was ich jetzt am liebsten tun würde. Es an meinen harten Ständer spüren, wie deine Zunge in sanft leckt, ihn dann zwischen deine nassen Lippen schieben und mich in dir bewegen. Dich mit langsamen tiefen Stößen vögeln und deine Nässe spüren.

Mein Handy klingelt erneut, während ich das denke.

***

Dein harter Freund wird von den nassen Lippen umschlossen, und du bewegst dich in mir. Ich will dich ganz tief und spreize meine Beine, um dich noch tiefer zu spüren. Leichtes Stöhnen von dir zeigt mir, dass es dir gefällt. Deine Blicke sind zärtlich.

***

Meine Antwort ist kurz, denn ich kann und will gar nicht anders, als mich selbst weiter zu massieren und diesen Punkt wieder zu erreichen, der kurz vor dem Abspritzen ist. Fast hätte ich zu lange massiert. Nur mit einem kräftigen Druck an meinem Ständer kann ich meinen Orgasmus noch einmal herauszögern. Ich bin nur noch dazu fähig, dir zu schreiben.

***

Ich halte es gleich nicht mehr aus, ich komme.

***

Wieder kommt die Antwort schnell, denn du willst jetzt nur noch für mich da sein und wartest nur darauf, meine Texte zu beantworten.

***

Dann komm und nimm mich hart. Schrei es heraus und gib mir deinen heißen Liebessaft. Jetzt! Jeden Tropfen.

***

Die Bewegung meiner Hand ist jetzt schnell und ich verstärke den Druck auf meinen immer härter werdenden Zauberstab. Jetzt will ich nicht mehr warten. Ich will abspritzen. Will das erlösende Gefühl des Orgasmus spüren.

Das Handy klingelt erneut und ich schaffe es noch einmal mich zu beherrschen.

***

Ich spüre deinen heißen Saft und ich spüre, wie du am Zittern bist. Spüre tief in mir, wie du abspritzt. Gib mir alles. Gib mir jeden Tropfen.

***

Dieser Satz und meine Vorstellung, dich jetzt tief und hart zu nehmen, bringen mich dorthin, wo ich hinwollte. Durch die Pausen, die ich immer wieder gemacht habe, ist der Druck in meinem Schwanz so groß, dass es in hohem Bogen herausspritzt. Über meinen Bauch hinweg bis hinauf zum Hals werde ich in heißen Wellen von meinem eigenen Liebessaft bespritzt. Mein Atem rast und ein tiefes wohliges Stöhnen entrinnt meiner Kehle. Meine Hand massiert noch ein wenig weiter, aber es ist so erregend, dass es schon fast wehtut. Meine Beine zittern, ohne dass ich Kontrolle darüber hätte. Erst als ich wieder etwas zu Atem gekommen bin, kann ich dir wieder schreiben, wie gut es mir eben gegangen ist.

Deine Antwort lässt nicht lange auf sich warten.

***

Ja, wir kuscheln uns aneinander. Ich spüre deine heiße Hand auf meinem Po. Deinen Saft behalte ich noch etwas in mir. Es ist so schön heiß und glitschig. Hhhmmm.

***

Ich kann meine Antwort darauf sofort schreiben, denn das Zittern hat aufgehört.

***

Ja, langsames, ruhiges gemeinsames Atmen und meine Hand massiert sanft deinen Po.

***

Deine Reaktion auf meinen letzten Satz kommt sofort.

***

Hhhmmm. Noch fünf Minuten mit dir kuscheln und raus aus dem Bett, gemeinsam frühstücken. Vielleicht können wir am Mittag wieder ins Bett, um uns weiter zu entdecken. Ich gehe jetzt erst mal in Ruhe baden und vielleicht entdecken meine Hände im warmen Wasser ja noch einmal…

***

Eine letzte SMS von mir.

***

Lass das warme Wasser um deinen erregten Body spülen und das eben war unglaublich. Ich würde um Mittag gern zu weiteren Erkundungen unter deine Decke schlüpfen.

***

Noch einmal klingelt mein Handy – mit den Worten

***

Ja, diese wunderbaren Fantasien.

***

beendest du diesen heißen, erregenden und so unglaublich befriedigenden Chat.

16. HitzeTraum

Es ist Sonntagmorgen, gefrühstückt habe ich und es verspricht ein langweiliger Tag zu werden. Der Himmel ist grau und wolkenverhangen. Es regnet schon, seitdem ich aufgewacht bin, und es sieht nicht so aus, als wenn sich das Wetter um so viel bessert, dass ich mich vielleicht aufs Bike schwingen könnte.

Was tun mit so einem Tag?

Wärme genießen, den Körper herunterfahren, ein wenig Voyeur spielen und nackte Körper anschauen. Also in die Sauna!

Schnell sind die Sachen gepackt und der Weg ist nicht weit. Hinter der Eingangstür schlägt mir schon die warme Luft entgegen. Bezahlen und schon geht es in die Umkleide. Ein Blick sagt mir, dass es für viele noch zu früh ist. Viele Schlüssel stecken noch in den Schranktüren, also sind die Saunen leer und auch eine Liege zu bekommen, wird kein Problem sein.

Beim Ausziehen fällt mein Blick in die nächste Reihe mit Schränken.

Ich sehe schöne Füße mit lackierten Nägeln, schlanke Beine, und einen heißen Hintern, der allerdings in dem Moment gerade von einem Bademantel verhüllt wird.

Schade!

Eine freche Frisur und ein leises Lächeln um volle Lippen sind das Einzige, was jetzt noch aus dem weißen Bademantel hervorlugt. Dazu dunkle Augen, die mich mit einem schnellen Blick streifen, bevor sich dieser Traum auf zwei Beinen umdreht und in Richtung Duschen verschwindet.

Mir ist ein wenig schwindelig. Dieser Blick, diese Figur, diese Ausstrahlung. Genau so, wie ich es mag, genau so, wie es mich erregt.

Als ich fertig mit Umziehen und in der Dusche angekommen bin, ist sie schon weg, aber ein Hauch von Parfüm liegt noch in der Luft. Genießerisch atme ich mit geschlossenen

Augen durch die Nase ein. Der Duft verfliegt zwar leider viel zu schnell, aber um meine Sinne anzusprechen, ist er immer noch stark genug.

Mein erster Saunagang führt mich, wie immer, in die Sauna mit der geringsten Hitze. Zum Start in einen Saunatag genau das Richtige. Die wohlige Wärme empfängt mich, als ich die Tür öffne. Ich bin allein und lege mich auf die oberste Bank. Ich schließe meine Augen und sinke langsam in einen träumerischen Halbschlaf.

Der weiße Bademantel schwebt vor meinen geschlossenen Augen, getragen von zwei schlanken schönen Beinen. Ganz langsam öffnet sich der Gürtel des Bademantels und wie durch einen Windhauch öffnet er sich ganz und gibt den Blick auf zwei feste kleine Halbkugeln frei, in deren Mitte zwei süße kleine dunkle harte Nippel zu sehen sind.

Mein Arm streckt sich, um diese schönen Brüste zu berühren ... Rrrumms, schließt sich die Saunatür und ich erwache aus meinem Traum. Ein neuer Saunagänger steht im Raum, schaut mich verwundert an, schüttelt leise den Kopf und legt sich in die entfernteste Ecke, die die Sauna zu bieten hat.

Was hat er denn, frage ich mich im Stillen?

Ich schaue an mir hinunter und weiß, warum er so irritiert ist. Der Traum hat nicht nur meine Gedanken erregt. Die schöne Vorstellung zeigt sich sehr deutlich an mir. Hoch aufgerichtet und hart steht meine Männlichkeit zwischen meinen Schenkeln ab. Innerlich lächelnd bedecke ich mit einer langsamen Bewegung meinen harten Ständer mit dem großen Handtuch, um nicht noch mehr Gäste zu irritieren.

Ich muss diese heiße Frau wiedersehen!

Die Sanduhr, die ich umgedreht hatte, bevor ich mich hingelegt habe, ist schon lange abgelaufen. Ich nehme mein Handtuch und lasse den Herrn in der Ecke allein. Ein vorwurfsvoller

Blick von ihm streift mich, als ich gehe. Es ist mir völlig egal, denn der Traum von dieser Schönheit war es mehr als wert.

Die kalte Dusche kühlt meinen erhitzten Körper ab, lässt meinen harten Ständer schnell wieder klein werden, aber meine heißen Gedanken bleiben. Mein Weg führt mich in den nächsten Ruheraum und ich finde eine Liege, die im Sonnenlicht steht. Eingepackt in eine Decke liege ich, nackt wie ich bin, im Sonnenlicht und genieße die Ruhe des Moments. Mit blinzelnden Augen beobachte ich die Menschen, die draußen vor der Scheibe entlanggehen. Einige bleiben stehen und sehen herein, andere gehen vorbei, ohne auch nur den Kopf zu drehen.

Da ist sie!!

Direkt vor mir, keinen Meter entfernt, steht der Traum im weißen Bademantel und sieht mich an. Ein leises Lächeln spielt um die vollen roten Lippen, bevor sie sich abwendet und zwischen anderen Personen verschwindet.

Schlagartig ist meine innere Erregung wieder da und auch das süße Ziehen in meinen Lenden ist so herrlich geil zu spüren.

Was für eine Aura!

Ich muss noch einen Augenblick liegen bleiben, obwohl ich eigentlich sofort nachsehen möchte, zu welcher Sauna sie unterwegs ist. Der kurze Augenblick hat gereicht, um mich zwischen meinen Schenkeln wieder härter werden zu lassen. So kann ich nicht aufstehen, denn rund um mich herum sind zu viele andere Menschen, die an meinem abstehenden Schwanz Anstoß nehmen könnten.

Ich muss mich dazu zwingen, an etwas anderes zu denken, und endlich ist mein Schwanz so weich geworden, dass es niemandem mehr auffällt.

Langsam gehe ich an den verschiedenen Saunen vorbei und schaue in die Fenster. Nicht zu auffällig aber doch so, dass ich sie erkennen müsste.

Nichts, nirgendwo ist sie zu sehen.

Okay, dann eben den nächsten Saunagang.

Meinen Bademantel an den Haken und die Badeschlappen von den Füßen – ein Werk von Sekunden.

Meine Hand geht zum Griff der Saunatür, als eine tiefe, rauchig erotische Stimme hinter mir sagt, »Warte einen Moment, ich möchte auch mit hinein.«

Ich drehe meinen Kopf und … sie!

Mein Atem stockt und ich bin mit Sicherheit sanft rot um die Wangen geworden.

Lächelnd geht sie durch die Tür, die ich ihr aufhalte. Mein Blick gleitet von den dunklen Haaren, über den Rücken hinab zu diesem heißen Hintern. Was für ein Anblick. Rund und voll, dabei fest und genau die richtige Proportion. Direkt vor mir beugt sie sich hinab, um ihr Handtuch auf eine Liege zu legen.

Nur einen kurzen Augenblick, aber doch lang genug, sehe ich das Paar Lippen zwischen ihren Schenkeln. Glatt rasiert, voll und weich.

Was für ein Anblick. Es kocht und brodelt in mir.

Die Sauna ist leer und ich setze mich gegenüber von ihr auf das Handtuch, welches ich auf die Holzliege gelegt habe. Mich ihr gegenüber zu setzen, war keine gute Idee, denn mein Blick kann gar nicht anders, als an ihren schönen Kurven entlangzugleiten, und was das in mir auslöst, ist sehr schnell nicht zu übersehen.

Mit geschlossenen Augen liegt sie da, die Haut fängt langsam an zu glänzen. Leichte Schweißperlen bilden sich und rollen über samtweiche Haut nach unten auf ihr Handtuch. Die kleinen dunklen Brustwarzen stehen hart ab und ich würde sie am liebsten mit meinen Lippen umschließen, sanft an ihnen saugen und ihre Brüste mit meinen Händen massieren. Die Beine sind überschlagen, sodass ich keinen Blick auf die weichen Lippen werfen kann, so wie vorhin.

Was der Blick auslöst, bedecke ich sofort mit einem Teil meines Handtuchs.

Sie öffnet langsam die Augen und aus den vollen Lippen klingt es erotisch heiß: »Du brauchst ihn nicht zu verstecken. Es ist ein Kompliment für mich, wenn du so auf mich reagierst.«

Ich traue meinen Ohren kaum, aber sie hat genau das zu mir gesagt. Langsam schiebe ich mein Handtuch wieder zur Seite.

Ihr Blick wandert von meinen Augen abwärts zwischen meine Schenkel und bleibt auf dem harten Ständer, der mittlerweile zwischen meinen Schenkeln steht, liegen. Währenddessen öffnet sie langsam ihre Beine, sodass auch ich einen Blick auf ihre feucht glänzenden Lippen werfen kann. Eine ihrer Hände gleitet an ihrem Körper abwärts und streichelt sanft über diese Lippen.

»Es ist nicht nur Schweiß, der sie so feucht glänzen lässt.«

Ihre Stimme geht mir durch Mark und Bein. Zusammen mit meinem Blick, den ich nicht von der Hand lösen kann, die über ihre Lippen reibt, macht es mich atemlos heiß und scharf.

Zwischen diese Lippen möchte ich meinen harten Schwanz gleiten lassen, aber nicht, bevor ich sie mit meiner Zunge sanft geteilt habe und ihren heißen Geschmack genossen habe.

Aus dem Augenwinkel sehe ich neue Gäste, die sich im Vorraum der Sauna ausziehen. Schnell bedecke ich meinen Ständer mit dem Handtuch und setzte mich so hin, dass nichts auf meine Erregtheit hinweist.

Auch sie hat die neuen Gäste gesehen, schnell ihre Schenkel geschlossen und ihre Hand ruht jetzt auf ihrem flachen Bauch.

Bevor die Neuen die Tür öffnen, steht sie auf und schlingt sich ihr Handtuch um die Hüfte. Als sie an mir vorbeigeht, beugt sie sich zu mir herab und mit leiser, aber umso erregenderer Stimme, flüstert sie mir zu: »Den nächsten Gang sollten wir im Dampfbad machen.«

Mit dem erotischsten Lächeln, das ich je gesehen habe, sieht sie auf mich runter, dreht sich um und verlässt die Sauna in dem Moment, in dem die neuen Saunagäste hereinkommen.

Meine Zeit, die Sauna zu verlassen, ist eigentlich auch schon gekommen, aber ich muss noch bleiben. Ich kann ihr wieder nicht folgen, denn mein Schwanz ist noch steinhart, und ich bin froh, dass niemand es sehen kann.

Der Schweiß läuft in Bächen an mir hinunter, aber die Erregung will nicht nachlassen. Zu heiß war das, was ich eben gesehen und erlebt habe.

Endlich merke ich, dass es langsam weicher zwischen meinen Schenkeln wird, und bin froh, endlich aus der Hitze zu kommen. Wieder hilft die kalte Dusche, mich äußerlich abzukühlen. Innerlich allerdings glühe ich wie ein Vulkan.

Ich brauche Ruhe, um den Körper zu entspannen und zu beruhigen. Ich möchte es aber keinesfalls verpassen, wenn sie den nächsten Saunagang im Dampfbad macht.

Also setzte ich mich in das kleine Bistro und habe dadurch alles im Blick. Ein kühles Getränk und ein Kaffee vertreiben mir die Zeit, während ich die Menschen beobachte, die rund um mich herum sind.

Nur sie sehe ich nicht.

Ist sie doch schon gegangen oder wartet sie nur darauf, dass ich als Erster gehe, um mir wieder zu folgen?

Ich lasse es darauf ankommen, zahle und lenke meine Schritte in Richtung Dampfbad. Weißer undurchsichtiger und heißer Dampf schlägt mir entgegen, als ich die Tür öffne. Ich gehe hinein und kann meinen Platz frei wählen, denn ich bin allein. Das wusste ich schon vorher, denn ich hatte die Tür ja fest im Blick. Überhaupt gehen nicht viele Saunagänger in das Dampfbad. Ich setze mich auf die heiße Marmorbank, so weit vom Eingang weg wie es geht und der heiße Dampf macht meinen Körper sofort nass. Mein Blick geht Richtung Eingangstür, als ich ein Geräusch von dort höre. Ich sehe fast nichts durch den Dampf, nur eine schlanke Silhouette, und ich bin sicher, sie ist es.

Mit federndem Schritt kommt sie durch den Nebel auf mich zu, bleibt direkt vor mir stehen und beugt sich zu mir runter.

»Hier bin ich und wir sind ganz allein.«

Die erotische Stimme so nah an meinem Ohr, jagt mir einen Schauer durch den Körper. Sie richtet sich wieder auf und meine Hände fassen um sie herum und ziehen sie sanft zu mir. Meine Hände gleiten an ihrem Rücken herab, bis sie auf den festen Rundungen ihres Hinterteils landen.

So habe ich sie mir vorgestellt, weich und trotzdem fest. Meine Lippen tun das, was sie vorhin schon tun wollten. Die kleinen harten Brustwarzen zwischen meinen Lippen sind ein heißes Gefühl und während ich abwechselnd an ihnen sauge, gleitet eine meiner Hände an der Außenseite des Beins herab und innen wieder hinauf. Ein zärtlicher Biss entlockt ihr ein leises Stöhnen und ihre Schenkel öffnen sich, sodass meine Hand bis an die feuchten Lippen gleiten kann. Warm, weich und voll ist das erste Gefühl beim Darübergleiten. Mit leisem Druck teile ich die feuchten Lippen und tauche mit einem Finger langsam, tief in sie ein. Ein kehliges Stöhnen kommt aus ihrem Mund und ihr Unterleib drängt sich meinem Finger entgegen. Langsam bewege ich ihn tief hinein und wieder heraus.

Jetzt will ich ihren Geschmack schmecken.

Ich ziehe den Finger aus den mittlerweile nassen Lippen und hebe ihr Bein so an, dass ihr Fuß mit den schwarz lackierten Nägeln auf der Marmorbank zum Stehen kommt. Meine Lippen geben die harten Brustwarzen frei und ich rutsche tiefer. Ich will diese nassen Lippen küssen.

Ihr Duft raubt mir ein wenig die Sinne und ich hauche einen ersten Kuss darauf. Hände fassen in mein nasses Haar und sie drücken meinen Kopf in ihren Schoß. Meine Zunge fährt nun tief durch die nassen Lippen und findet den Eingang zu ihren Tiefen. Ihr Geschmack ist umwerfend und ihre Nässe ist so heiß und glitschig auf meiner Zunge.

Einen Punkt habe ich bisher noch nicht mit meiner Zunge berührt und das tue ich jetzt. Langsam gleite ich bis zum Ende der nassen Lippen und da spüre ich ihn. Klein und hart fühle ich ihn mit meiner Zunge. Mit schnellen Bewegungen reize ich ihren Kitzler ein paarmal. Das Zittern ihrer Beine und das heisere Stöhnen zeigen mir, dass ich auf dem richtigen Weg bin.

Mein Kopf wird von ihren fest zufassenden Händen nach hinten gebogen und ihre vollen Lippen treffen meine zu einem langen und feuchten Kuss.

Langsam geht sie vor mir in die Knie und greift nach meinem hoch aufgerichteten Schwanz. Mit schnellen Bewegungen reibt sie über die ganze Länge, bevor sie ihren Mund öffnet und er zwischen ihren Lippen verschwindet. Sanft leckt ihre Zunge um meine pralle Eichel und ihre Hände drücken meine Eier.

Mit geschlossenen Augen genieße ich diese scharfe Behandlung meines Schwanzes.

Plötzlich gibt sie mich frei und steht auf.

»Fick mich, fick mich jetzt und hier«, höre ich die tiefe erotische Stimme in mein Ohr flüstern.

Sie beugt sich hinab und ihr knackiger heißer Hintern streckt sich mir entgegen.

Nachdem ich aufgestanden bin und mich hinter sie gestellt habe, muss ich erst mal diesen prachtvollen Hintern bewundern. Fest und rund, nicht zu klein, aber auch nicht zu groß. Einfach perfekt.

Mit beiden Händen fahre ich über die heißen Kurven, um dann mit einer schnellen Bewegung beide Handflächen kräftig auf beide Pohälften klatschen zu lassen.

»Mehr und kräftiger«, kommt es leise aus ihrem Mund.

Den Gefallen tue ich ihr gern. Während mein harter Schwanz mit einer sanften, aber kräftigen Bewegung tief zwischen ihren nassen Lippen verschwindet, bekommen beide Rundungen ein paar feste Schläge, sodass sich sanfte Rötungen abzeichnen.

»Beweg dich! Fick mich schnell, hart und tief. Ich will deinen Schwanz tief in mir spüren. Will spüren, dass du mich ganz ausfüllst.«

Ich halte sie mit beiden Händen am Becken fest und ziehe sie immer ein Stück zu mir heran, wenn mein Schwanz in sie eintaucht. Bei jeder Bewegung klatschen so ihre Backen gegen meine Oberschenkel.

Ich spüre, wie sich die Muskulatur ihrer Muschi immer fester um meinen Schwanz zusammenzieht.

Mit einem tiefen heiseren Schrei, der trotz vorgehaltener Hand so laut ist, dass es draußen auch jemand hören könnte, windet sich der Klassekörper vor mir in extatischen Wellen.

Ohne ihr eine Pause zu gönnen, lasse ich meinen Schwanz immer schneller in ihre Muschi gleiten, denn auch ich will diesen Moment der höchsten Lust erleben, bevor jemand hereinkommt.

Ich hatte diesen Gedanken kaum gedacht, da entzieht sie sich mir mit einer schnellen Bewegung, dreht sich um und setzt sich vor mich.

»Ich will nicht, dass du in mich hineinspritzt. Ich will dich schmecken.«

Mit diesen Worten greifen beide Hände nach mir und mein Schwanz verschwindet zwischen ihren Lippen. Kräftiges Saugen, ein fester Griff um meine Eier und eine schnell wichsende Hand, bringen mich in Sekundenschnelle zum Kochen.

Mit einem erlösenden Stöhnen spritz es aus meinem Schwanz heraus.

»Jeden Tropfen deiner heißen Ficksahne will ich haben.«

Während ihre Lippen immer wieder über meine pralle Eichel gleiten, spüre ich weiter ihr kräftiges Saugen.

Erst als mein Schwanz an Härte verliert, lässt sie von mir ab und steht langsam auf.

Genießerisch leckt sie sich über die Lippen. »Du schmeckst lecker«, kommt aus ihren lächelnden Lippen.

»Das Kompliment gebe ich gern zurück.«

Immer noch lächelnd dreht sie sich um und eine Hand winkt mir zu. Noch einmal höre ich diese heiße Stimme.

»Tschüss, mein Süßer. Vielleicht fickt man sich mal wieder.«

Mit diesen Worten lässt sie mich allein im Dampfbad sitzen, und das Letzte, was ich von ihr sehe, ist der geile Hintern, der wippend im Nebel verschwindet.

17. FeuerTraum

Der Abend allein in meiner kleinen, aber schnuckeligen Wohnung ist wie immer. In eine weiche Decke gehüllt liege ich auf meinem Sofa und schaue in den Fernseher. Auf dem Tischchen vor mir steht eine Kerze, die sanft flackerndes Licht verbreitet, und ein Glas Rotwein. Wieder ist ein Tag vergangen, den ich allein verbracht habe, und ich freue mich gleich auf mein warmes weiches Bett.

Ich bin gern in meinem Bett, denn dort habe ich alles, was ich für die einsamen Stunden brauche. Ich habe keinen Mann, der bei mir ist, um mich zu lieben und mit mir zu schlafen. Mein Körper sehnt sich aber trotzdem nach Genuss, Erfüllung und Befriedigung. Selbst ist die Frau.

Schon die Gedanken an die kleinen Spielzeuge, die auf der zweiten Seite meines Bettes offen daliegen, erregen mich.

Ich habe gern alles griffbereit, denn ich weiß nie, wonach mir der Sinn steht, wenn ich meine Fantasien und Träume ausleben möchte.

Das Fernsehprogramm langweilt mich wie so oft und auf mein Buch kann und will ich mich heute nicht mehr konzentrieren. Ich möchte jetzt in mein Bett, möchte mir meine Decke über die Ohren ziehen und mich nur noch mit mir beschäftigen. Ich schalte deswegen den Fernseher aus, puste die Kerze aus. Im Dunkeln gehe ich die wenigen Schritte in mein Schlafzimmer und kuschele mich sofort unter meine Decke.

Meine Hand tastet über die freie Seite meines Doppelbetts. Wie schön wäre es, wenn dort jetzt ein Mann liegen würde, der mich mit seinen starken Händen überall an meinem Körper berührte. Ich schließe meine Augen und meine zweite Hand gleitet über meinen nackten Körper.

Es ist anders, als wenn es ein Mann tut. Sanfter, weniger kraftvoll, aber genau das mag ich so gern. Die Hand, die über die leere Bettdecke streicht, findet die dort liegenden Spielzeuge.

Ich schließe meine Augen und meine Hand gleitet federleicht streichelnd über meinen Körper.

Ich berühre meine Brust und massiere sie mit sanftem Druck. Die Nippel in ihrer Mitte werden langsam hart und ich reibe sie zwischen meinen Fingern. Ein vorsichtiger Kniff mit meinen Fingernägeln in die kleinen, harten roten Knospen jagt mir einen geilen Schauer durch den Körper. Über meinem flachen Bauch gleitet meine Hand zwischen meine Schenkel.

Sofort spüre ich die Wärme und die Feuchtigkeit, die meine glatt rasierte Muschi abgibt. Ein erstes Streicheln über die vollen Lippen löst dies süße Ziehen in meinem Schoß aus, das ich so gern spüre. Ich fahre mit meinen Fingern durch die Lippen und meine Feuchtigkeit lässt sie leicht gleiten. Eine erste Berührung des kleinen Punkts am Ende der nassen Lippen ist wie ein Stromschlag.

Klein, aber hart vor Erregung steht mein Kitzler zwischen den Lippen hervor. Wie gern hätte ich jetzt eine weiche Zunge, die ihn liebevoll leckt.

Ich reibe vorsichtig darüber und sofort verstärkt sich das geile Ziehen in meinem Unterleib. Ein Finger gleitet wie von allein in die feuchten Tiefen meiner Muschi. Während ich ihn langsam immer tiefer hineinschiebe, reibe ich den harten Kitzler immer schneller. Mein Atem wird kürzer und ich stöhne leise.

Meine zweite Hand hat den weichen künstlichen Freund gefunden, der auf der zweiten Betthälfte liegt. Auf genau diesen Dildo habe ich jetzt Lust. Rosa und groß, einem Männerschwanz genau nachempfunden. Eine pralle Eichel und selbst die hervorstehenden Adern eines steifen Schwanzes sind vorhanden.

Meine Hand verschwindet unter der Decke, gleitet zwischen meine Schenkel. Ich ziehe den Finger aus der nun nassen Muschi. Mit einer langsamen, aber durchgehenden Bewegung schiebe ich den künstlichen Schwanz tief in mich hinein. Erst als er in mir anstößt, ist es tief genug für mich und ich suche den kleinen Knopf, der die Vibration einschaltet.

Auf diesen Moment freue ich mich jedes Mal besonders, wenn ich es mir selbst besorge. Bevor das Geräusche des Vibrators an meinem Ohr angekommen ist, explodiert es in meinem Inneren.

Meine Finger haben den kleinen Knopf gefunden und die Vibration löst in meinem Inneren etwas Unbeschreibliches aus.

Es ist so geil, so unbeschreiblich erregend. Langsam bewege ich den vibrierenden Luststab in mir hin und her. Meine nassen Lippen schließen sich immer fester um den Zauberstab und das süße Ziehen in mir wird immer stärker. Während ich mit immer schneller werdenden Bewegungen den Stab in mir gleiten lasse, reibt die andere Hand den harten Kitzler. Mein Körper fängt an zu zittern und ich kann und will es nicht kontrollieren.

Das Summen des Vibrators geht in dem heiseren Stöhnen unter, das aus meinem Mund kommt. Alle meine Muskeln ziehen sich zusammen und ich versuche, den Moment so lange zu genießen, wie es geht. Ein Schwall Feuchtigkeit aus meinem Inneren macht das Gleiten des künstlichen Schwanzes noch viel intensiver.

Mit einem leisen Schrei, der meinen Orgasmus begleitet, bewege ich ihn noch ein paar Mal tief in mich hinein, um dann ganz tief in mir zu verharren. Ich will nur noch die sanfte Vibration genießen und die Wellen meiner Lust so lange ausleben, wie ich es aushalten kann.

Mein Atem beruhigt sich langsam und das Zittern meines Körpers hat aufgehört. Ich schalte den Vibrator aus und ziehe ihn langsam aus mir heraus. Als die pralle künstliche Eichel an meinen Lippen angekommen ist, ist es ein Gefühl, als wollen sie den künstlichen Schwanz nicht hergeben.

Ein letztes Weiten meiner nassen Schamlippen und sie schließen sich hinter ihm wieder.

Es ist nicht so, als wenn ein Mann mich vögelt, aber auch so löst diese tiefe Befriedigung eine wunderschöne Entspannung in mir aus.

Ich schließe meine Augen und bin in wenigen Augenblicken eingeschlafen.

Ich erwache durch das zuckende blaue Licht, das in meinem Zimmer an Wand und Decke tanzt.

Ich brauche einen Augenblick, um wach zu werden. Ein Blick auf meinen Wecker sagt mir, dass ich erst eine Stunde geschlafen habe.

Verschlafen stehe ich auf und gehe nackt, wie ich immer schlafe, zum Fenster, um zu sehen, was draußen los ist.

Ein wenig versteckt hinter der Gardine, damit mich niemand nackt hier stehen sieht, beobachte ich das nächtliche Treiben vor meinem Wohnhaus. Ein Feuerwehrauto mit einer langen Leiter auf dem Dach und ein kleinerer roter Transporter, auf dem *Einsatzleitung* steht, parken mit drehendem Blaulicht direkt vor der Eingangstür. Ich sehe gerade noch, wie mehrere vermummte Gestalten im Haus verschwinden, als es auch schon an meiner Wohnungstür klopft.

Schnell hole ich meinen Bademantel aus dem Badezimmer und wickele mich darin ein. Ich öffne meine Wohnungstür und sehe mich mehreren Gestalten in Schutzkleidung und Atemmasken gegenüber.

Ich solle mir keine Sorgen machen und meine Wohnung nicht verlassen, spricht eine der Atemmasken zu mir.

In ihrer Nachbarwohnung meldet ein Rauchmelder ein Feuer, aber sie können ganz beruhigt sein, ihnen passiert nichts, meldet sich die zweite Atemmaske.

Ich fange an zu lachen, denn die Situation in zu komisch. Zwei Gestalten in voller Schutzkleidung, es brennt in meiner Nachbarwohnung und ich, nackt im Bademantel, soll mir keine Sorgen machen. Bevor ich etwas sagen kann, wird meine Tür zugezogen und ich bin wieder allein. Ich höre, wie an die Nachbartür gehämmert wird. Ich öffne meine Tür, um ihnen zu sagen, dass mein Nachbar nicht da. Ich sehe gerade noch, wie sich eine Axt in das Holz der Nachbartür bohrt.

Der Einsatzleiter dreht sich um und schaut mich von oben bis unten an.

»Gehen Sie bitte zurück in Ihre Wohnung und schließen Sie die Tür, ich kümmere mich gleich um Sie«, spricht er mit tiefer ruhiger Stimme.

Ich wollte ihnen nur sagen, dass …

»Tun Sie bitte, was ich Ihnen sage, ich kümmere mich später um Sie.«

Mit diesen Worten schiebt er mich in meine Wohnung und zieht die Tür zu.

Die Berührung seiner kräftigen Hände löst ein sanftes Kribbeln in mir aus. Das habe ich eben auch schon gespürt, als ich seine kräftige Gestalt mit dem knackigen Hintern von hinten gesehen habe.

Er will sich um mich kümmern, hat er gesagt.

Das Kribbeln in mir wird stärker, wenn ich meiner Fantasie freien Lauf lasse. Das Wissen um ein Feuer nebenan lässt mich allerdings schon sehr unruhig sein. Ich öffne meine Tür einen kleinen Spalt und höre die Männer über einen kleinen Rauchmelder diskutieren. Ein Fehlalarm, nur dieser Rauchmelder ist defekt.

Ich schließe beruhigt meine Tür und bin auf dem Weg zu meinem Bett, als es wieder an meiner Tür klopft. Schnell schließe ich den Bademantel und öffne die Tür.

Der Einsatzleiter steht groß und kräftig vor mir und erklärt mir mit bestimmender Stimme, dass er auch in meiner Wohnung die Rauchmelder kontrollieren muss. Bevor ich Einwände erheben kann, ist er an mir vorbeigegangen und mir bleibt nur, die Tür zu schließen und hinter ihm herzugehen. Mein Blick fällt wieder auf den knackigen Hintern, der da gerade vor mit herläuft, und meine Fantasie bekommt Flügel.

In Küche und Wohnzimmer sind die Melder in Ordnung, aber als der Knackarsch sich in Richtung meines Schlafzimmers bewegt, fällt mir schlagartig ein, was da auf der zweiten Seite meines Betts liegt.

Ich drängele mich an ihm vorbei und will die Schlafzimmertür schließen. Ich werde sanft, aber bestimmt an die Seite geschoben und schon stehen wir vor meinem Bett.

Sein Blick sagt alles und ich fühle mich, als wenn ich glühe.

»Der Rauchmelder ist in Ordnung, aber kann ich sonst etwas für Sie tun?«, fragt er.

Sein lüsterner Blick gleitet über die diversen Spielzeuge, mit denen ich mir die Lust und die Höhepunkte gebe. Sein Blick wandert über meinen Körper und ohne ein Wort zu sagen öffnet eine seiner starken Hände den Knoten meines Bademantels.

Nachdem er sich geöffnet hat, gleitet der Bademantel über meine Schultern und bildet ein Häufchen Stoff zu meinen Füßen.

Ich stehe nackt vor einem fremden Mann, aber ganz anders, als ich es erwartet hätte, erregt mich dieser Moment ungemein.

Sein Blick gleitet wieder über meinen nun nackten Körper und bleibt zwischen meinen Schenkeln stehen.

Ich glühe unter seinem Blick und fühle, dass es zwischen meinen Schenkeln wieder feucht wird.

Es ist noch nicht lange her, dass ich es mir mit dem großen künstlichen Männerschwanz selbst besorgt habe, aber hier so vor ihm zu stehen, macht mich heiß und willig.

Immer noch wortlos knöpft er sein Hemd auf und lässt es achtlos zu Boden fallen. Eine behaarte Brust, so, wie ich es liebe, kommt zu Vorschein.

Ich mache einen Schritt auf ihn zu und strecke meine Arme aus. Meine Hände fahren durch den dichten Haarwuchs auf seiner Brust und ein genießerisches Brummen entrinnt seiner Kehle.

Ich bewege mich weiter zu ihm hin und meine Lippen küssen sanft seine Brustwarzen. Mit einem zärtlichen Biss entlocke ich ihm ein erstes heiseres Stöhnen.

Seine Arme strecken sich und ich verliere den Kontakt zum Boden. Ohne jede erkennbare Anstrengung hebt er mich hoch und legt mich auf mein Bett und tritt einen Schritt zurück.

Sein Blick gleitet wieder an meinem Körper entlang, während er sich Schuhe und Uniformhose auszieht. Nur noch im Slip steht er vor mir, und dass dieser Slip ihm schon zu eng ist, ist nicht zu übersehen.

Ich komme hoch und meine Hände ziehen den Slip langsam nach unten. Wie von einer Feder angetrieben, schnellt mir sein Schwanz entgegen, als er aus seinem Gefängnis befreit wird.

Ich hauche einen ersten Kuss auf die rot leuchtende pralle Eichel, bevor ich sie mit meinen Lippen umschließe. Eine meiner Hände knetet vorsichtig seine Bällchen, während die andere nach meinen Spielzeugen tastet.

Der große Vibrator, mit dem ich mich vorhin schon verwöhnt habe, ist das Erste, was meine suchende Hand findet. Genau richtig!

Während ich den harten Ständer blase und seine Nüsschen massiere, schiebe ich den Vibrator langsam in meine feuchte Muschi.

Nass soll sie sein, wenn mich der echte Schwanz gleich vögelt.

Ich schalte ihn ein und die Vibration in meinem Inneren macht mich heiß und unglaublich geil.

Einen echten Schwanz zwischen den Lippen und einen unechten in der Muschi, wie gut kann es mir gehen?

Dass er das mag, wenn ich seinen Schwanz mit Zunge und Lippen verwöhne, höre ich an seinem leisen, aber geilen Brummen, das aus seiner Kehle kommt.

Nur kurze Zeit habe ich das Vergnügen, seine Männlichkeit mit meinen Lippen zu verwöhnen.

Ein leichter Schubs von ihm und ich lande wieder auf dem Rücken.

Ich spreize meine Beine, um ihm zu zeigen, was ich von ihm will. Der Vibrator steckt immer noch tief in mir und summt leise vor sich hin.

Mit den Worten »Jetzt bekommst du einen richtigen Schwanz zwischen deine feuchten Lippen« zieht er den Vibrator aus mir heraus, nicht ohne ihn noch ein paarmal hin und her zu bewegen.

Er kniet sich zwischen meine weit gespreizten Schenkel und mit einem festen Stoß verschwindet der harte Ständer zwischen den nassen Lippen meiner Muschi.

Mit langsamen, aber tiefen Stößen vögelt mich der Fremde um den Verstand.

Das Innere meiner Muschi ist von dem harten Schwanz des Fremden völlig ausgefüllt und das fehlende Vibrieren, wird durch die harten Stöße mehr als ersetzt.

Mein Atem geht immer schneller, meine Beine zittern völlig unkontrolliert und alles in mir zieht sich kurz vor dem Orgasmus zusammen.

Ich stöhne meine Lust laut heraus, während mein Unterleib sich immer und immer wieder dem harten Schwanz entgegenstemmt.

Ich schließe meine Beine um seinen knackigen Hintern, ziehe ihn damit ganz nah zu mir heran und somit seinen Schwanz noch tiefer in mich hinein.

Tief in mir fühle ich es heiß und glitschig, als er mit einem tiefen Seufzer in mich hineinspritzt.

Das wollte ich!

Seinen Saft in mir spüren. Zu spüren, wie es so unglaublich nass in mir wird. Jede weitere Bewegung seines immer weicher werdenden Schwanzes fühle ich nun noch intensiver.

Er vögelt mich so lange, weiter bis die Härte nicht mehr ausreicht und er aus mir herausrutscht.

Ein Schwall heißer Liebessaft von uns beiden begleitet dieses Herausgleiten.

Er steht auf und sein nass glänzender Schwanz hängt nun

gar nicht mehr hart zwischen seinen Beinen. Er sieht meinen Blick und schaut nun seinerseits auf meine nasse Muschi.

Während er sich langsam anzieht, streichelt er noch einmal über die Lippen meiner frisch gevögelten nassen Muschi.

Ein letzter Blick zurück, ein Lächeln … Und mit den Worten »die Feuerwehr dein Freund und Helfer« öffnet er meine Wohnungstür, geht hinaus und zieht die Tür leise hinter sich in Schloss.

18. WunschTraum

Ich habe so etwas noch nie getan und wenn mir gestern jemand gesagt hätte, ich würde es tun, hätte ich es nicht geglaubt.

Ich bin auf dem Weg zu einem völlig Fremden. Ich kenne seine Stimme nur vom Telefon, aber sie hat etwas in mir ausgelöst, was ich nur schwer erklären kann. Ein Kribbeln durchzieht meinen Körper, wenn ich an seine Stimme denke und jetzt bin ich auf dem Weg zu ihm.

Ich finde das Haus auf Anhieb und betrete es. Ich muss nicht klingeln, hat er gesagt, und die Tür sei nur angelehnt. Meine Tasche mit den Sachen für einen Saunabesuch stelle ich mitten in den Raum. Auf mein leises Rufen reagiert niemand. Ich weiß, wo die Sauna ist, er hat es mir am Telefon erklärt. Ich gehe die Treppe hinab und sehe Licht in einem der Keller. Ich schaue hinein und durch die Scheibe der Saunatür sehe ich ihn liegen. Genau erkennen kann ich ihn noch nicht, denn die Scheibe ist leicht beschlagen.

Soll ich es tun? Einfach zu ihm hineingehen. Mich zu einem Mann in die Sauna setzen, den ich nie zuvor gesehen habe. Ein angenehmes Gefühl durchströmt meinen Körper und das süße Ziehen in meinem Schoß habe ich schon lange nicht mehr so stark gefühlt.

Ja, ich will es tun!

Ich gehe die Treppe wieder nach oben und öffne meine Tasche, um mein Handtuch herauszunehmen.

Langsam entkleide ich mich und lege meine Sachen auf sein Sofa. Das süße Ziehen in meinem Schoß verstärkt sich, und ich spüre, was ich schon lange nicht mehr gespürt habe. Feuchtigkeit.

Nackt und nur mit einem Handtuch in der Hand gehe ich die Treppe wieder hinunter. Ein letzter Moment der Unsicherheit, bevor meine Hand sich auf den Griff der Saunatür legt.

Ich will es tun!

Ich öffne die Tür, mache einen Schritt in die Hitze die mir entgegenprallt, und schließe die Tür wieder. Da liegt er nackt auf seinem Handtuch.

Ein heißer Anblick. Seine Augen gehen langsam auf. Er blinzelt mir zu und setzt sich auf. Wortlos lädt er mich mit einer Handbewegung ein, sich neben ihn zu setzten. Ich breite mein Handtuch aus und folge seiner Einladung, auch ohne ein Wort zu sagen. Unsere Blicke gleiten über den Körper des anderen. Mir gefällt, was ich sehe, und ich hoffe, es geht ihm genauso. Unsere Hände berühren sich wie zufällig und seine starke Hand bleibt ruhend auf meiner liegen.

Ganz langsam und sanft lässt der Druck auf meiner Hand nach und ich spüre wie seine Hand an meinen Arm hochgleitet, am Nacken ankommt und sanft über den Rücken wieder nach unten streicht, um auf meinem Po zu verweilen.

Diese Berührung löst Gänsehaut und einen heißen innerlichen Schauer bei mir aus.

Erregung macht sich in mir breit, die ich so noch nicht gespürt habe. Auch meine Hand tastet sich schüchtern und vorsichtig zu seinem Körper hin. Ich fühle schweißnasse Haut, die sich heiß und so gut anfühlt. Ich will gar nicht aufhören, die Haut des Fremden zu streicheln. Er soll auch nicht aufhören, denn er streichelt so sanft und zärtlich und es tut so gut.

Sein Kopf neigt sich plötzlich zur Seite und ein Kuss von seinen Lippen trifft meinen Hals. Wie Feuer brennt die Stelle, und ich wünschte mir, er würde weiter küssen, tiefer. Als ob er meine Gedanken lesen könnte, trifft der nächste Kuss meine Brust und seine Hände wandern gleichzeitig über meine Pobacken.

Wenn er doch jetzt noch sanft und zärtlich in meine harten Nippel beißen würde. Er kann doch Gedanken lesen, ist mein erster Gedanke, nachdem ich mich von dem Schauer erholt habe, der durch meinen Körper geschossen ist, nachdem seine Zähne sanft, aber bestimmt an meiner harten Brustwarze geknabbert haben.

Meine Hände erforschen seinen Körper, langsam vom Hals an abwärts, immer weiter hinunter. Ich spüre seine Hände langsam zwischen meine Schenkel gleiten, und ich öffne sie etwas weiter, damit sie finden können, was sie suchen.

Während ich seine tastenden Hände spüre und darauf warte, dass sie endlich meine feuchten Lippen berühren, streichele ich seine Brust und auch meine Hände wandern langsam an seinem Körper weiter nach unten.

Er küsst mich auf den Mund. Unsere Zungen spielen miteinander, während er die Feuchtigkeit zwischen meinen Schenkeln mit seinen Händen spürt. Auch meine Hände sind an seinem Po angekommen. Sein Po fühlt sich sehr gut an und ich spüre die muskulösen Backen unter der weichen heißen Haut.

Seine Hand fühlt meine Erregung und er lässt seine Finger an und mit meinen nassen Schamlippen spielen.

Seine Lippen wandern langsam von meinem Mund hinunter an den Hals und er küsst mich dort wieder.

Ich taste mich langsam von seinem Po nach vorn und fühle auch seine Erregung. Meine Hände haben sein erregtes Glied gefunden. Es fühlt sich so gut an. Hart und groß steht es zwischen seinen Schenkeln, und ich streichele es vorsichtig.

Seine Finger spielen weiter zwischen meinen Schenkeln und dringen behutsam in mich ein. Es ist ein so geiles Gefühl, seinen Finger in mich hineingleiten zu spüren. Viel besser, als wenn ich es selbst tue, wenn ich allein in meinem Bett liege. Sein Finger bewegt sich immer schneller in meiner nassen Scheide. Sein Mund ist inzwischen wieder an meinen Brüsten angekommen und er saugt zärtlich an den harten Knospen.

Ich nehme sein Glied in meine Hände und massiere es mit sanftem Druck. Es ist so hart und heiß zwischen meinen Händen und ich spüre das Blut in seinem harten Glied pulsieren.

Mein Mund gleitet an seinem Körper hinunter und meine Zunge erkundet seinen Körper. Ich finde mit meinen Lippen seine Brust und küsse auch seine Brustwarzen. Ob er es wohl auch mag, zart gebissen zu werden. Ich versuche es und das Zusammenzucken seines Körpers und das kurze Aufstöhnen zeigen es mir, dass auch er es mag.

Immer tiefer hinab küsse ich mich und er lehnt sich entspannt zurück und genießt meine feuchten Küsse.

Mein Mund findet sein Glied und meine Zunge spielt damit. Meine Lippen umschließen seine Eichel, sie fühlt sich so samtweich an. Ich sauge so gern an einer prallen harten und doch so weichen Eichel.

Ich möchte auch so geküsst werden und er soll seine Zunge an meinem Kitzler spielen lassen.

Als wenn er meine Gedanken wieder gehört hätte,

löst er sich von mir und sein Kopf ist zwischen meinen Schenkeln verschwunden.

Seine Zunge fährt tief durch meine nassen Schamlippen und findet den kleinen Punkt. Es ist einfach nur schön und geil, ich stöhne vor Lust, als er ein erstes Mal über meinen Kitzler leckt.

Ich habe sein hartes Glied noch in der Hand und massiere es, aber ich möchte ihn jetzt in mir spüren.

»Ich will dich jetzt«, flüstere ich ihm zu.

Er kniet sich zwischen meine Schenkel und ich öffne sie weiter. Ich spreize meine Schenkel so weit, wie ich kann, und nehme seine harte Männlichkeit wieder in die Hand und führe sie langsam zwischen meinen Schamlippen ein.

Meine Lippen haben sich hinter der prallen Eichel wieder geschlossen und halten sie fest, als wenn sie seinen Schwanz nie wieder loslassen wollen.

Jetzt soll er tiefer stoßen, immer tiefer.

»Ich will dich spüren, tief in mir. Nimm mich jetzt, noch tiefer. Am liebsten mag ich es, wenn ich von hinten genommen werde«, höre ich mich zu meiner Überraschung sagen.

Er gleitet aus mir heraus und gibt mir etwas Raum.

Ich drehe mich um, sodass er mich von hinten nehmen kann. So kann er am tiefsten in mich eindringen. Ich mag es so sehr, von hinten gestoßen zu werden.

Ein sanfter Schlag klatscht auf meinen Po und er gleitet mit einer sanften, aber schnellen Bewegung in mich hinein, so weit es geht.

Ein süßer Schmerz geht von der Stelle aus, die er tief in mir mit seinem harten Glied getroffen hat.

Mehr, mehr davon. Nicht zu hart, aber ich will mehr davon.

Sanfte Schläge landen auf beiden Pohälften, während sein Ständer immer und immer wieder in meine Tiefe gleitet. Ich fühle mich so unglaublich gut. Ich möchte, dass er weitermacht, aber nur sanft. Langsam, aber jeden Stoß so tief, wie es geht. Mit beiden Händen zieht er meine Pobacken auseinander, um noch tiefer zu mir kommen zu können.

Ich genieße es, so tief gestoßen zu werden. Es macht mich geil, heiß und willenlos.

Seine Finger spielen wieder an mir, an meinen Brüsten, an meinem Po, sie sind einfach überall.

Das dürfen sie, ja das sollen sie sogar.

Ich habe das Gefühl, dass ich gleich komme. Es ist der Wahnsinn. Es ist ein geiles Gefühl, es kribbelt überall. Ich bin auch nicht gerade leise, nein ich stöhne meine Lust laut heraus.

Ich spüre, wie sich meine nassen Lippen immer fester um seinen harten Ständer zusammenziehen, während ich mit einem Stöhnen aus den Tiefen meines Körpers dem Orgasmus freien Lauf lasse.

Immer und immer wieder stößt der harte Ständer in mich hinein und seine Bewegungen werden immer schneller.

Nun möchte ich, dass auch er kommt.

»Ja, ich will es, gib es mir, ich will es in mir spüren. Spritz tief in mich hinein«, stöhne ich laut.

Dann fühle ich es. Tief in mir wird es heiß und glitschig.

»Stoß mich weiter, ich liebe dieses glitschige Gefühl.«

Sanft gleitet er nach ein paar weiteren Stößen aus mir heraus und ich drehe mich um.

Direkt vor mir steht sein immer noch harter Ständer und ich kann gar nicht anders. Ich öffne meinen Mund und meine Lippen schließen sich um das feucht glänzende Glied. Ein salziger Geschmack nach ihm und mir verteilt sich in meinem Mund. Langsam spüre ich seine Härte weichen. Ein letztes Lecken um seine dunkelrote Eichel und er gleitet aus meinem Mund heraus.

Ich sehe direkt in seine Augen. Sie lächeln befriedigt und ich weiß, ich sehe ihn mit dem gleichen Blick an. Noch einmal finden sich unsere Lippen zu einem Kuss, bevor wir erschöpft voneinander ablassen.

Er steht auf, öffnet die Saunatür und geht vor mir her ins Freie zum Abkühlen. Sein heißer Po ist direkt vor mir und ich kann gar nicht anders, als ihm einen kräftigen Klaps zu versetzten. Sein Kopf dreht sich zu mir und immer noch lächelnd sagt er: »Mehr davon und fester, aber lass mich einen Moment verschnaufen.«

In mir kribbelt es schon wieder. Ob er mich wohl gleich noch ein weiteres Mal zum Orgasmus bringt. Als wenn er wieder meine Gedanken lesen könnte, flüstert er lächelnd: »Ja, meine heiße Blonde. Ja!«

19. PenisTraum

Ich erwache am Morgen und es ist warm und dunkel um mich herum. Der gestrige Abend war anstrengend, aber richtig geil und heiß. Ich würde mich gern noch ein bisschen zusammenrollen und weiter schlafen, aber ich stehe hart und prall wie jeden Morgen. Eigentlich könnte ich jetzt da weitermachen, wo ich gestern Abend aufgehört habe.

Den ganzen Tag war ich wie immer eingesperrt und die Enge von Slip und Jeans kann ich einfach nicht leiden. Viel lieber bin ich an der frischen Luft und kann mich recken und strecken, wann immer mir danach ist. Meine beiden Kumpel denken da ganz genauso, aber den beiden geht es ja noch ein bisschen schlechter als mir. Immer eingesperrt in einem Beutel, immer nur arbeiten und nur selten Spaß und Vergnügen.

Gestern Abend war es mal wieder so weit. Schon am Nachmittag war mir klar, das wird mein Abend. Unter der Dusche wurde mir viel Aufmerksamkeit gewidmet. Viel Duschgel, ordentliches Reiben an jeder Stelle und auch die lästigen Haare wurden abrasiert. Ein sicheres Zeichen, da läuft heute was.

Irgendetwas ist aber heute trotzdem anders als sonst. Ich werde gar nicht wieder eingesperrt, sondern es ist so, wie ich es mag. Wärmende Sonne, ein kühler Wind und immer wieder eine Hand, die ein bisschen an mir spielt.

Ah, ich glaube, jetzt geht es los. Ich werde nur mit einem weichen Handtuch bedeckt, während mein Chef unseren Gast hereinlässt.

Ich mache mich ein bisschen größer, aber das Handtuch ist im Weg und so weiß ich nicht, wer da gekommen ist.

Eine Hand schiebt sich unter das Handtuch. Sie greift sanft nach mir und meinen beiden Kumpel. Die Hand kenne ich und jetzt weiß ich auch, wer heute zu Besuch gekommen ist. Schnell recke ich mich noch ein bisschen, um noch ein paar Streicheleinheiten zu bekommen, aber die Hand knetet meine beiden Kumpels noch ein wenig und ist auch schon wieder weg.

Macht nichts, ich bin sicher, gleich bekomme ich ihre volle Aufmerksamkeit.

Mit einem Ruck fliegt das Handtuch zur Seite und ich bin wieder frei.

Sanft legen sich zwei Lippen auf meine Spitze und ich bekomme den ersten Kuss des Abends. Die weiche Zunge der Dame leckt langsam und sanft um meine rote Spitze und an meinem Schaft entlang. Ich strecke mich ihr entgegen, bis ich hart in meiner vollen Größe stehe. Ihre Lippen öffnen sich und sie nimmt mich ganz in ihren Mund. Ein leichtes Kratzen ihrer Zähne an meiner Eichel ist ein geiles Gefühl.

Nun spüre ich eine ihrer Hände an mir. Die sanft reibenden Bewegungen und das kräftige Saugen ihrer Lippen machen mich so richtig geil und hart.

Mal zwischen diesen Lippen abzuspritzen, wäre sicherlich auch ein Vergnügen, aber heute nicht. Ich will noch ganz woanders hin und da ich die Dame schon kenne, weiß ich auch, was ich gleich noch tun darf.

Die Lippen geben meine nun dunkelrote und hart geschwollene Spitze frei und kümmern sich um meine beiden Kumpel.

Tief zwischen die Lippen werden sie abwechselnd eingesaugt und die Zunge spielt mit ihnen. Jedes Mal, wenn sie herausflutschen, gibt es ein leises schmatzendes Geräusch. Einfach geil zuzusehen, wie es den beiden besorgt wird. Da mache ich doch gern ein wenig Platz.

Nun aber genug gerutscht, geblasen und sanft gewichst.

Mein Chef zieht die Dame zu sich hoch und ganz nah zu sich heran. Ich bin einen Moment lang ganz nah an den heiß duftenden Lippen, doch noch ist ein wenig Stoff darüber. Ich kann sie nur riechen und noch nicht sehen, aber das ändert der Chef sicherlich schnell.

Um sie für mich vorzubereiten, leckt mein Chef die heißen Lippen immer ein bisschen und spielt mit der kleinen Perle, die zwischen ihnen versteckt ist.

Hoffentlich beeilt er sich diesmal ein wenig, denn ich bin heiß und geil darauf, zwischen diese Lippen gleiten zu können.

Endlich ist er so weit und der Anblick lässt mich wie immer noch härter werden.

Mit weit gespreizten Beinen liegt die Dame vor mir und ihre Muschi glänzt feucht. Immer näher komme ich ihr und da ist er wieder. Der feuchtheiße Duft, der mich so anhört, kommt immer näher. Wild pulsiert das Blut in mir vor Geilheit.

Die Hand meines Chefs dirigiert meine hart geschwollene Eichel durch die feuchten Lippen bis zu dem vor Erwartung zitternden Kitzler. Immer wieder gleite ich durch die Lippen und spüre, dass es um mich herum immer nasser wird.

Wenn ich jetzt sprechen könnte, würde ich ihm sagen, dass er mich endlich tief in diese feuchte warme Muschi schieben soll.

Langsam nähere ich mich dem Eingang zu den Tiefen dieses leckeren Pfläumchens. Meine harte Spitze weitet die nassen Lippen und mit einem sanften Stoß verschwinde ich ganz in ihr.

Dunkel ist es hier, aber schön warm und glitschig. Mit immer schneller werdenden Stößen gleite ich immer wieder hinein und heraus. Dabei fülle ich diese Liebeshöhle ganz aus. Meine vor Geilheit prall geschwollen Adern reiben immer wieder an den glitschigen Wänden der Muschi entlang und das macht mich nur noch geiler.

Meine beiden Kumpel arbeiten auf Hochtouren, um mir gleich den Liebessaft liefern zu können, den ich in die warme Höhle spritzen werde.

Noch genieße ich das geile Reiben an mir, aber ich spüre schon den Druck, der immer stärker wird.

Ich werde immer härter und praller und dann ist es endlich so weit. Es zieht sich alles in mir zusammen und in erlösenden Wellen spritzt mein weißer heißer Saft aus mir heraus. Tief in dieser nassen geilen Muschi vermischt sich mein Saft mit ihrem und macht das Gleiten noch intensiver.

Ich merke leider viel zu schnell, wie ich langsam an Spannung verliere. Wenn ich doch nur länger so schön hart und steif bleiben könnte. Ich würde dieses nasse Pfläumchen endlos weitervögeln.

Mit einem leisen Flupp gleite ich aus den Lippen heraus. Sie schließen sich hinter mir, aber nicht, ohne einen Schwall warmen Safts ins Freie zu entlassen.

Jetzt ein wenig ruhen, Kraft sammeln und wenn die Dame mich dann mit Zunge und Lippen noch mal so heiß verwöhnt, stehe ich einer zweiten Runde sicherlich nicht im Weg.

20. MuschiTraum

Mir ist es zu heiß!
Mir ist es zu eng!
Mir ist langweilig!

Immer eingesperrt zu sein, auch wenn es nur ein dünnes Stück Stoff ist, nervt mich doch sehr.

Viel lieber würde ich mir frische Luft um die Lippen wehen lassen.

Es gibt natürlich Dinge, die ich noch viel lieber hätte, aber für den Anfang wäre es schon toll, wenn die Chefin diesen Slip mit dem dünnen Strick, der immer zwischen meinen Lippen reibt, weglassen würde.

Was hätte ich noch lieber?

Wenn ich so darüber nachdenke, fallen mir viele Moment ein, die so richtig heiß und geil waren.

Die Zunge des dunkelhaarigen Typs, die mich mal sanft und mal wild geleckt hat, während der Dreitagebart mich zusätzlich reizte. Die tief zwischen meine Lippen geglitten ist, genauso wie sie mit meinem kleinen Kitzler gespielt hat. Als ich meinen Orgasmus hatte, habe ich sie mit meinem Liebessaft zusätzlich nass gemacht.

Oder die flinken Finger des Lovers, der ab und zu mal da ist. Meist fängt auch er mit der Zunge an und leckt mich, bis ich feucht bin, aber schnell gehen seine Finger auf Erkundung an und in mir. Ein geiles Gefühl, wenn sich der erste Finger langsam zwischen meinen Lippen schiebt und tief in meine Liebeshöhle eintaucht. Mit langsamen Bewegungen fängt er an, mich immer mehr zu erregen. Wenn dann der zweite Finger meine Lippen etwas dehnt und auch in mir verschwindet, lechze ich nach mehr.

Die Bewegungen der Finger werden immer schneller und die Handfläche klatscht jedes Mal auf meinen Kitzler. Aber erst der dritte Finger lässt mich das spüren, was mich so scharf macht. Ein ganz sanfter Schmerz meiner weit offenen Lippen macht mich erst richtig geil und ich spritze heißen Liebessaft dazu, damit sie besser gleiten.

Noch besser ist es aber, wenn meine Chefin es mir selbst besorgt. Sie weiß genau, was sie tun muss, um mich in kürzester

Zeit auf Wolke sieben zu bringen. Kräftiges Reiben mit kurzen und schnellen Bewegungen an meinem Kitzler. Sanfte Schläge auf meine Lippen liebe ich dabei genauso wie das Massieren meines kleinen geilen Lustknopfs.

Wenn sie dann noch den elektrischen Freund zu Hilfe nimmt, ist es um mich geschehen.

Trifft sie mit der kleinen Spitze des Vibrators meinen Kitzler punktgenau, zieht sich in mir alles zusammen, so schön ist dieses Gefühl.

Auch beim Eintauchen des vibrierenden Alleskönners in meine Lusthöhle trifft sie den Punkt tief in mir, den ansonsten nur ein harter Schwarz erreicht, und ich kann gar nicht mehr mitzählen, wie oft ich einen Orgasmus habe.

Der Punkt tief in mir.

Genau der ist es, der mir am meisten Lust bereitet, wenn er ordentlich bearbeitet wird.

Und genau den trifft der blonde heiße Lover immer wieder, als wenn er ihn sehen könnte, während er mich vögelt. Überhaupt ist es der höchste Genuss für mich, von seinem harten großen Schwanz gevögelt zu werden. Es ist besser als jeder Finger oder jede Zunge, wenn seine harte und doch so samtweiche Spitze meine Lippen sanft weitet, bevor er immer tiefer in mich eindringt.

Nur bei ihm bin ich so richtig schön nass und das Gefühl, wenn er in mir gleitet, ist unbeschreiblich.

Seine pulsierenden Adern reiben in mir an meinen empfindlichsten Stellen. Wenn er ganz tief zu mir kommt, stößt er sanft in mir an, was einen zusätzlichen geilen Moment bedeutet.

Ich schmiege mich fest an den sich wild in mir bewegenden Schwarz, bis ich sein verräterisches Zucken spüre. Mit nun noch kräftigerem Druck massiere ich ihn weiter, bis tief in mir sein heißer Saft aus ihm herausspritzt. Sofort spüre ich, wie er sich in mir verteilt und es noch glitschiger und wärmer in mir wird und auch das Gleitgefühl wird noch intensiver.

Nur schade, dass auch dieser prächtige Schwanz sofort nach dem Abspritzen an Härte verliert und mich nicht einfach weiter vögeln kann, bis mir Hören und Sehen vergeht.

Genauso ärgert es mich, dass ich den heißen Liebessaft nicht länger in mir behalten kann, aber durch den großen Schwanz bin ich so herrlich gedehnt, dass der Saft langsam aus mir herausläuft.

Ein Schwall aus gemeinsamem weißem Liebessaft lässt meine Lippen noch nasser glänzen.

Langsam schwellen nun auch meine Lippen wieder ab und meine Liebeshöhle schließt sich immer mehr. Ich träume aber schon vom nächsten Mal, wenn es mir wieder so richtig besorgt wird.

Ich hoffe, die Zeit bis dahin ist nicht mehr so lange, und meine Chefin hat meinen Wunsch nach mehr luftiger Freiheit gehört und hält sich daran.

21. ThekenTraum

Die Party begann ganz entspannt. Das Ambiente war mehr als schön.

Ein Bauernhaus mitten im Wald, mit Feuerstelle und einer Theke im Freien.

Das Aufbauen hatte nicht lange gedauert und ich konnte mich ganz in Ruhe damit beschäftigen, die ankommenden Gäste zu beobachten, die ich heute bewirten sollte.

Ein 120zigster Geburtstag der beiden Gastgeber versprach nicht viel, aber da sollte ich mich gründlich irren.

Langsam füllte es sich rund um mich herum und das ein oder andere Bier fand den Weg von meinem Zapfhahn in die Kehle der durstigen Gäste.

Die ersten Stunden sind immer etwas arbeitsintensiver, und mein Blick fiel nur zufällig auf den Weg, der zu dem Bauernhaus führte.

Es verschlug mir den Atem und das Bierglas, welches ich gerade füllte, floss über, ohne dass ich es bemerkte.

Nackte Füße mit feuerrot lackierten Nägeln in sexy High Heels. Schlanke Beine, an denen sich sanft die Muskulatur abzeichnete und die erst in den superknappen Hotpants endeten. Eine schlanke Taille und sanft wippende kleine Brüste. Durch die weiße Bluse zeichneten sie sich sehr gut ab und auch die sicherlich kleinen Nippel hinterließen gut sichtbare Abdrücke.

Lange schwarze Haare umrahmten ein völlig ungeschminktes Gesicht.

Jedes Gramm Schminke wäre auch völlig überflüssig gewesen, denn ein so ebenmäßiges und schönes Gesicht hätte nur schlechter aussehen können.

Als dieser Engel an mir vorbeischwebte, folgte ihr eine leichte Wolke ihres Parfüms. Dieser Duft und die unglaublich heiße Rückansicht ließen mich mit offenem Mund hinter ihr her staunen. Die langen schlanken Beine endeten in einem Hammerhintern. Stramm, fest, klein und wunderschön geformt. Durch die High Heels kam er noch besser zur Geltung und das erotische Schwingen der Hüften ließ mein Herz schneller schlagen.

Meine Fantasie ging sofort auf eine erotische Reise mit diesem scharfen Engel. Was müsste es für ein geiles Vergnügen sein, diesen Engel von seiner Verpackung zu befreien? Wenn sich ihre langen nackten Beine um mich schlingen würden und ich an ihren kleinen festen Brüsten mit den harten Nippeln saugen könnte.

»Ein Bier bitte, oder stehen Sie hier nur so rum?«

Dieser Satz holte mich in die Wirklichkeit zurück. Gut, dass die Theke oberhalb meiner Gürtellinie verlief. So konnte niemand die riesige Beule in meiner Jeans sehen, die dieser Klassehintern und meine Fantasie hatten wachsen lassen.

Der Kunde vor mir war ein älterer Herr, der zum Glück meine Gedanken nicht lesen konnte.

Das Bier war schnell gezapft und mein Blick suchte wieder den schwarzen Engel. In einiger Entfernung sah ich ihn bei den Gastgebern stehen. Sie überragte die beiden und unsere Blicke fanden zueinander. Ein leises Lächeln aus den vollen Lippen und das Blitzen ihrer strahlend blauen Augen ließ ihr schönes Gesicht noch hübscher aussehen. Ihre Zungenspitze fuhr mit langsamer lasziver Bewegung über ihre Lippen. Ich lächelte zurück und erwiderte diese Geste. Ein leichtes Nicken, wir verstanden uns ohne Worte. Wir gehörten beide nicht wirklich hierher, aber der Zufall hatte uns dieses Treffen ermöglicht.

Mit ein paar Schritten war sie außerhalb meines Sichtfelds und auch ich hatte wieder einiges zu tun.

Nach einer kleinen Pause, in der ich meinen Platz verlassen musste, um Nachschub aus dem Kühlanhänger zu holen, kam ich zurück und nahm meine Arbeit am Zapfhahn wieder auf.

Eine Hand, die sanft zwischen meine Beine griff, ließ mich erstarren. Mein Blick richtete sich nach unten und ich schaute in die blitzenden blauen Augen der Schönheit. Ihr Zeigefinger lag auf ihren vollen Lippen.

Ein »Pssst«, war alles, was ich hörte.

Ihre Hand verstärkte sanft den Druck zwischen meinen Schenkel und ich spürte, wie mein bestes Stück darauf regierte. Lächelnd nahm sie es zur Kenntnis und ihre zweite Hand machte sich am Reißverschluss meiner Jeans zu schaffen.

Mein Blick richtete sich auf den Gast, der zielstrebig auf mich zukam, und so hörte ich nur das leise Ratschen des sich öffnenden Reißverschlusses.

Sofort ließ die Enge in meiner Hose nach. Zielstrebig wanderte ihre Hand in meinen Slip und umfasst meinen eingeengten Schwanz.

»Ein Bier und zweimal Cola, bitte.«

Während der Gast diese Bestellung aussprach, merkte ich, wie mein bestes Stück die schützende Verpackung der Jeans verließ und inklusive beider Eier plötzlich im Freien war.

Gut, dass ich genug Getränke an der Zapfanlage stehen hatte. Mit einem mittlerweile steifen Schwanz halb nackt zum Kühlschrank hinter mir zu gehen, hätte doch einige Verwirrung bei dem Gast ausgelöst.

Während ich die Getränke für den Gast fertig machte, spürte ich eine sanfte Hand, die an meinem Ständer auf und ab rieb. Gleichzeitig wurden meine Bällchen vorsichtig geknetet.

Weitere Gäste wollten ihre Getränke von mir haben, und ich lehnte mich mit dem Körper ganz nah an die Theke an, damit niemand etwas davon mitbekam, was unter mir passierte.

So war mein steifer Schwarz natürlich noch näher bei dem geilen Engel, der unter meiner Theke saß.

Ich weiß nicht, welchen Gesichtsausdruck ich hatte, aber als sich ihre vollen Lippen um meine pralle Eichel schlossen, war es ein himmlisches Gefühl und die Augen hatte ich sicherlich ein bisschen verdreht.

Ihre Zunge, die abwechselnd lang über den harten Schaft fuhr oder verspielt um die pralle Eichel leckte, war so herrlich weich und feucht.

An einem Zapfhahn zu stehen, Gäste zu bedienen und gleichzeitig so geil den Schwanz geblasen zu bekommen, war an knisternder Erotik nicht zu überbieten.

Immer schneller arbeitete ihre Hand an meinem Ständer und auch der Druck auf meine Eier nahm langsam zu. Jetzt schlossen sich auch ihre Lippen wieder um meinen Schwanz, um kräftig an ihm zu saugen. Meine Knie fingen bei der Behandlung an zu zittern und ich musste mich mit beiden Händen an der Theke festhalten.

Zum Glück kam gerade kein Gast und so konnte ich einen Blick abwärts riskieren.

Volle Lippen, in die mein Schwanz hinein und wieder heraus glitt, ohne dass ich mich bewegte. In mir fing es bei diesem geilen Anblick an zu kochen und mit einem unterdrückten Stöhnen spritzte es aus meinem harten Schwanz heraus. Ein paar pumpende Bewegungen ihrer Hand und auch der letzte Tropfen wurde aus mir herausgesaugt.

Mein Atem raste, denn einen Orgasmus wie diesen hatte ich schon lange nicht mehr.

Liebevoll wurde mein bestes Stück, nachdem er etwas erschlafft war, wieder in Slip und Jeans verpackt. Leise ratschte der Reißverschluss meiner Jeans, und das Erste, was ich von diesem heißen, geilen dunkelhaarigen Engel zu hören bekam, war: »Schaut gerade jemand hierher?«

Die tiefe erotisch heisere Stimme passte so unglaublich gut zu dem Rest, dass ich nur ein Kopfschütteln hinbekam und wenn ich nicht gerade abgespritzt hätte, würde ich nur allein von diesem Klang wieder heiß und geil werden.

Schnell schlüpfte sie unter der Theke hervor und stand in voller Größe direkt neben mir.

Genießerisch leckte ihre Zunge über die vollen Lippen und mit den Worten,

»Das war das, was ich heute noch haben wollte. Einem richtigen Mann den Saft aus den Lenden zu saugen«, sagte sie, drehte sich um und verschwand genauso, wie sie gekommen war.

Eine Wolke ihres Duftes, ihr schwingender Klassehintern und ein Lächeln ihrer vollen Lippen war das Letzte, was ich von ihr sah, als sie den Weg hinabging.

22. BadeTraum

Endlich zu Hause. Der Tag war eine Katastrophe und ist zum Glück endlich vorbei. Endlich Zeit ganz für mich allein und meine Badewanne ruft schon nach mir.

Mein erster Griff, noch bevor ich Jacke und Schuhe ausziehe, ist es, das Badewasser einlaufen zu lassen. Den Duft, den ich liebe und der meine Haut so weich und zart macht, hinzuzugeben, ist nur eine Handbewegung.

Ein Kleidungsstück nach dem anderen fliegt in den Wäschekorb und endlich stehe ich nackt in meinen eigenen vier Wänden. Ein prüfender Blick in den Spiegel zeigt mir, dass der Tag Spuren hinterlassen hat. Umso mehr freue ich mich auf mein heißes Bad.

Ein riesiger Berg aus Schaum türmt sich in der Wanne und langsam gleite ich in das heiße Wasser.

Endlich Ruhe. Ich schließe meine Augen und spüre, wie der Stress des Tages von mir wegschwimmt. Meine Hände gleiten immer wieder an meinem Körper entlang, um dieses Gefühl noch zu verstärken.

Dabei stören mich die kleinen Haarstoppel, die am Tag wiedergekommen sind.

Ich stehe auf und massiere den Rasierschaum auf Beine, Achseln und rund um meine kleine Muschi. Mit langsamen Bewegungen gleitet der Rasierer über meinen Körper, bis alles glatt und seidenweich ist.

Jetzt ein Glas Sekt und ein Buch und die Welt kann gar nicht mehr so schlecht sein. Nass und nur mit dem Handtuch um die Hüften tapse ich durch die Wohnung und habe bald alles, was ich brauche.

Der erste Schluck, nachdem ich wieder im Wasser liege, weckt meine Lebensgeister und die erregende Erwartung auf das Buch.

Erotische Kurzgeschichten – wie aus dem Leben. Ich habe schon mehrere gelesen und immer hat sich dies Kribbeln in meinem Körper bemerkbar gemacht.

Schon nach den ersten Zeilen ist es wieder da und ich fange an, mich mit meiner freien Hand zu streicheln.

Sanftes Massieren meiner Brüste lassen die kleinen Nippel in ihrer Mitte hart werden. Wenn doch jetzt ein paar Lippen da wären, die sanft daran saugen würden, oder Zähne, die vorsichtig daran knabberten.

Ein Schauer jagt durch meinen Körper, als ich mich selbst mit den Fingernägeln sanft kneife. Er zieht bis zwischen meinen Schenkel und ein warmes wohliges Gefühl macht sich dort breit.

Gefühlvoll gleitet meine Hand über den Bauch und ein erstes Mal sanft über die Schamlippen meiner glatt rasierten Muschi. An den Innenseiten meiner Schenkel herab und mit sanftem Kratzen meiner Fingernägel wieder herauf. Mein ganzer Körper vibriert bei dieser Art, mich zu streicheln. Ich mag es lieber, wenn es kräftige Männerhände sind, die mich so berühren, aber selbst ist die Frau.

Nun gönne ich mir auch die ersten Berührungen meines Lustzentrums. Immer wieder streichele ich über die weichen Lippen meiner feuchten Muschi. Mit einer Fingerspitze reibe ich sanft über die kleine Perle, die sich zwischen den feuchten Lippen versteckt.

Jetzt eine Zunge, die anstelle meines Fingers, mit schnellen Bewegungen über den Kitzler leckt.

Ich schaffe es nicht mehr, gleichzeitig das Buch zu halten, zu lesen und meine Berührungen zu genießen.

Ich lege das Buch zur Seite und schließe die Augen. Jetzt kann ich mich in die heiße Geschichte hineinträumen und habe beide Hände frei, um meinem Körper die Lust zu geben, nach der er verlangt.

Wieder fange ich bei meinen Brüsten an und knete sie sanft, bis beide Nippel hart stehen. Wieder ein kurzer Kniff, diesmal in beide gleichzeitig, bevor ich mich nur noch meiner Muschi widme. Vorsichtig öffne ich die Lippen und ein Finger gleitet langsam in die nassen Tiefen und ich kann ein erstes Stöhnen nicht unterdrücken.

Ein zweiter Finger weitet mein Liebesnest so, als wäre es der harte große Schwanz, von dem ich gerade träume und der in der Geschichte die Muschi der Frau so herrlich vögelt.

Schneller werden die Bewegungen der beiden Finger und mit der anderen Hand reibe ich kräftig über den kleinen und nun harten Kitzler.

Ich spüre das süße Ziehen in meinem Unterleib, welches einen Orgasmus ankündigt. Mein Unterleib zieht sich zusammen und ich spüre, wie sich meine Muschi immer enger um meine Finger spannt.

Ein paar schnelle und kräftige Bewegungen noch und ich kann mich den Wellen hingeben, die meinen Körper sanft schütteln.

Ein paar vorsichtige Bewegungen noch, aber der Reiz ist zu hoch, als dass ich es noch länger tun könnte.

Langsam gleiten meine Finger aus mir heraus und ich genieße, weiterhin mit geschlossenen Augen, die Entspannung, die sich nach einem Orgasmus immer in meinem Körper breitmacht.

Es ist viel schöner, von einem harten großen Schwanz zum Höhepunkt gevögelt zu werden, aber mit den eigenen Händen weiß ich genau, wo ich mich berühren muss, um so zu genießen und vor allem den Höhepunkt auch zu erreichen.

Ich freue mich jetzt schon auf die nächste Geschichte in dem Buch, um vielleicht wieder träumen zu können, während ich mich selbst verwöhne.

23. JobTraum

Er stand in der Zeitung und ich hatte mich drauf beworben. Nebenjob als Hausmeister für Herrn mittleren Alters mit technischen Kenntnissen

Genau mein Ding.

Das Vorstellungsgespräch fand bei einer netten Dame zu Hause statt, die ungefähr mein Alter hatte, aber überhaupt nicht danach aussah.

Sexy Outfit mit rauchiger Stimme. Lange schlanke Beine, gepflegte Hände und Füße, die Nägel im selben Farbton lackiert.

Als sie vor mir her ging, nachdem sie mir die Tür geöffnet hatte, konnte ich die heißen Rundungen ihres Pos in aller Ruhe genießen. Durch die leicht erhöhten Absätze ihrer eleganten Stiefel, waren die Bewegungen der Hüfte und damit auch die des festen Hinterns sehr erotisch.

Meine Fantasie ging sofort ihre eigenen Wege und ich ließ es gern zu.

Diesen heißen Hintern nackt vor mir zu sehen, die langen Beine leicht gespreizt und das sicherlich leckere Pfläumchen mit langen kräftigen Stößen meines harten Schwanzes zu vögeln.

Bei diesen Gedanken fühlte ich, wie es in meiner Jeans immer enger werden.

Als ob sie meinen Blick gespürt hätte, drehte sie ihren Kopf, lächelte mich an und ihr Blick glitt an mir entlang, als sie mir einen Platz anbot.

Hoffentlich bemerkte sie die beachtliche Beule in meiner Jeans nicht.

Wir waren uns über die Arbeitszeiten und die Bezahlung schnell einig. Beim Hinüberschieben des Vertrags lehnte sie sich wiederum lächelnd so weit nach vorn, dass ich gar nicht anders konnte, als einen Blick in ihr Dekolleté zu wagen, aus dem die Ansätze ihrer vollen Büste hervorschauten.

Ob ihre Nippel wohl schön hart würden, wenn sich meine Lippen darum legten und ich kräftig daran saugen würde?

Nur kurz ließ ich mich von meiner Fantasie ablenken.

Wichtigster Punkt im Vertrag waren die Tage, an denen ich zum Reparieren da sein dürfte. Nur unter der Woche und keinesfalls am Wochenende. Etwas verwundert unterschrieb ich den Vertrag und bekam wieder mit einem Lächeln den Schlüssel und die Adresse.

Mit den Worten: »Ich werde mich bei dir melden, wenn es Arbeit gibt«, verabschiedete sie mich, und ich genoss noch einen letzten Blick auf ihren heißen Hintern, bevor ich das Haus verließ.

Tage später, an einem Sonntagabend, erreichte mich ihr erster Anruf. Ein paar Kleinigkeiten und ich hätte die ganze Woche Zeit, es zu erledigen.

Tag um Tag verging, ohne dass ich die nötige Zeit hatte, und so machte ich mich Freitag am Nachmittag auf den Weg. Für mich war dies auch noch wochentags, aber da hatte ich mich gründlich vertan.

Das Navigationsgerät führte mich sicher hin und ich stand vor einem unscheinbaren Haus, an dem alle Vorhänge zugezogen waren und es überall schwachrot schimmerte. Langsam umrundete ich das Haus auf der Suche nach dem Eingang.

Wie von der sexy Chefin beschrieben fand ich den Eingang und schloss mit meinem Schlüssel auf.

Nichts deutete von außen darauf hin, was ich innen sah, nachdem ich die Tür geöffnet hatte.

Weicher Teppich auf dem Boden, eine große Theke und diverse Sitzgruppen, auf denen man es sich gemütlich machen konnte. Alles leuchtete in sanft-rotem Licht und mir war mit einem Schlag klar, wo meine Arbeitskraft benötigt wurde und warum nicht am Wochenende.

Ich hatte in einem Klub angeheuert.

Niemand war da, und da ich noch nie einen solchen Klub von innen gesehen hatte, beschloss ich, mich etwas umzusehen.

Das Haus war nicht groß und der Raum, in dem ich stand, füllte die untere Etage ganz aus. Also die Treppe nach oben oder nach unten?

Ich entschied mich, zuerst nach unten zu gehen und landete in einem Wellnessbereich, der nichts zu wünschen übrig ließ.

Ein großer herzförmiger Pool, der von mehreren Gelegenheiten zum Liegen für zwei umrahmt wurde. Duschen, Sauna, Dampfbad, Whirlpool und Massageliegen. Alles offen und für jeden von überall her einsehbar. Hier war alles auf gemeinsames Erleben ausgelegt.

Auch jetzt war ich ganz allein und konnte mich in aller Ruhe umschauen. Was diese Räume wohl schon alles erlebt hatten. Sicherlich mehr, als ich kannte und mir vorstellen konnte.

Ich ging die Treppe wieder nach oben und gleich durch in die erste Etage.

Ich öffnete die erste Tür und …

So etwas Geiles hatte ich noch nie gesehen.

Die Tür schloss sich leise hinter mir und ich war allein mit … weiblichen Kehrseiten, Pos, Hintern.

Einer runder und strammer als der andere. Rund um mich herum nur Löcher in der Wand, an den Kanten weich gepolstert. Aus jedem Wandausschnitt streckte sich mir ein nackter sexy Po entgegen. Bei dem Anblick fühlte sich mein Schwanz in Sekundenschnelle steinhart an. Gut, dass ich keine enge Jeans trug, denn so hatte er genug Platz, um zu seiner vollen Größe wachsen zu können.

Langsam ging ich auf das erste Loch in der Wand zu und mein Blick war wie gefangen.

Kleine weiße feste Backen, zwischen denen sich die Lippen der Muschi eng geschlossen zeigten. Darüber ein rasiertes Herz aus rötlichen Haaren.

Nur einen Schritt weiter und ich stand vor dem nächsten Hinterteil.

Nicht so weiß, aber genauso fest und mit einem kleinen Teufel über den Schamlippen tätowiert. Der Dreizack zeigte genau auf den Eingang dieser Muschi.

Langsam ging ich von Po zu Po. Jeder hatte etwas Besonderes zu bieten. Mal etwas größer, mal kleiner. Mal mit glatt rasierter Muschi, mal mit Fantasie rasiert und Tätowierungen in jeder Form und Farbe. Einer hielt meinen Blick länger fest als die anderen.

Dunkle Haut spannte sich über muskulöse Hälften und die wie ein Schmetterling offen stehenden Schamlippen, zeigten das rosa schimmernde Innere dieser feuchten Muschi.

Ich stand inmitten dieser Prachthintern und wusste nicht, wohin ich zuerst schauen sollte. Mein Schwanz stand knüppelhart in meiner Hose und pochte wie wild. Ob ich wohl ...?

Ich schaute mich um und ich war immer noch allein. Was ich *nicht* sah, würde ich erst später erfahren.

Eine solche Auswahl an willigen saftigen Pfläumchen bekam ein Mann nur sehr selten geboten und so warf ich jeden Zweifel über Bord.

Sanft streichelte ich mit einer Hand über die weiche Haut eines der Hinterteile, während ich mit der anderen über die Lippen einer Muschi strich und einen Finger in ihre feuchten Tiefen gleiten ließ.

Die Reaktionen beider Hinterteile waren fast dieselben. Die beiden Pos bewegten sich etwas mit und strecken sich mir entgegen, so weit es das Loch in der Wand zuließ.

Noch einmal schaute ich mich um und sah niemanden. Zu diesem Zeitpunkt war es mir mittlerweile auch völlig egal. Ich wollte jetzt meinen harten Schwanz in eines dieser leckeren Pfläumchen stecken.

Warum eigentlich nur in eines, bei dieser Auswahl?

Ich machte die wenigen Schritte hin zu dem dunklen Hinterteil mit der rosa schimmernden, weit geöffneten Muschi.

Mit einer schnellen Bewegung öffnete ich den Reißverschluss und den Gürtel meiner Hose, sodass sie über meine Beine nach unten rutschte. Nun noch den Slip und ich stand fast nackt mit einem riesigen Ständer in einem Raum voller sexy Pos.

Ich nahm die knackigen dunklen Backen in beide Hände und mein Schwanz glitt mit einem kräftigen Stoß tief hinein in die nass glänzenden, rosa leuchtenden und weit offenen Lippen der sich mir so angebotenen Muschi.

Ein leises Stöhnen erklang auf der anderen Seite der Wand. Mit meinen Händen griff ich nun zu beiden Seiten und erreichte die weichen feuchten Lippen der beiden Pfläumchen rechts und links neben mir.

Eine Muschi zum Vögeln und dabei an zwei weiteren spielen zu können, einfach geil.

Auch meine Finger wanderten in die Tiefen der heißen Liebesnester. Im gleichen Takt wie mit meinem Schwanz vögelte ich die beiden mit meinen Fingern.

Ich zog meinen harten Schwanz aus der nun nassen Muschi und stellte mich vor den nächsten Po. Auch hier erklang ein leises Stöhnen, als ich tief hineinstieß.

Immer nur wenige Bewegungen für jede und ich schaffte es tatsächlich, alle Muschis zu vögeln, die mir so auf dem

Silbertablett präsentiert worden waren, bevor ich mit einem erlösenden Seufzer in der engen Muschi mit dem roten Herz darüber kam.

Schnell zog ich mich wieder an, denn bis hierher hatte ich Glück gehabt, dass mich niemand gesehen hatte. Zumindest dachte ich das.

Ich verließ den Raum durch die gleiche Tür, durch die ich gekommen war.

Neben der Treppe, die nach ganz oben führte, war nur noch ein Raum, der aber leider verschlossen war und zu dem mein Schlüssel nicht passte.

Jetzt wollte ich auch das ganze Haus sehen und eine Etage blieb noch übrig.

Ich ging über die Treppe nach ganz oben und öffnete die einzig vorhandene Tür.

Leise Musik und gedämpftes Licht empfing mich und hinter dem großen Schreibtisch saß … sie.

Meine Chefin.

Mit genau dem Lächeln, welches ich schon kannte, blickte sie zu mir herüber. Gehen war jetzt nicht mehr möglich und ich versuchte, mich damit zu entschuldigen, dass ein Freitag auch ein Wochentag sei.

Immer noch lächelnd stand sie auf und es verschlug mir die Sprache.

Ganz in schwarzes Leder gekleidet, überragte sie mich aufgrund der superhohen High Heels, auf denen sie stand.

Um die festen Brüste herum war das Leder ausgeschnitten und so standen sie, wie bei einer jungen Frau, nackt in meinem Blickfeld.

Ich hatte recht gehabt. Kleine harte Nippel in ihrer Mitte luden zum Saugen und Lecken ein.

Auch zwischen ihren langen Schenkeln konnte ich die

Lippen ihrer Muschi erkennen, denn auch dort war ein Ausschnitt in ihrem Lederoutfit.

Ihre langen schwarzen Haare streng nach hinten gekämmt und zu einem Zopf zusammengebunden.

Sie legte mir einen Finger auf die Lippen und flüsterte mit ihrer rauchigen Stimme: »Strafe muss sein.«

Sie nahm mich bei der Hand und führte mich zur anderen Seite des Schreibtisches. Mehrere Bildschirme zeigten die verschiedenen Räume des Hauses. Ein Tastendruck von ihr auf der Tastatur und der Bildschirm in der Mitte zeigte den Raum mit den nackten Pos, die aus den Wänden herausschauten. Die Eingangstür zu dem Raum öffnete sich, und ich konnte sehen, wie ich selbst den Raum betrat und mich umschaute.

Sie hatte alles beobachtet. Sie hatte hier an ihrem Schreibtisch gesessen und mir bei allem zugesehen, was ich getan hatte.

Ihre rauchige Stimme war ganz nah an meinem Ohr und ich spürte ihre Brüste in meinem Rücken.

»Für das, was du da tust, zahlen andere Kunden viel Geld, und deswegen muss Strafe sein!«

Erstarrt davon, erwischt worden zu sein, ließ ich mich von ihr umdrehen und schaute ihr in die dunklen Augen.

»Ausziehen!«

Der Ton ihrer Stimme ließ keinen Platz für Widerrede.

Erst jetzt bemerkte ich die Ausstattung des Raums und wusste, was sie hier mit ganz speziellen Kunden tat.

Sie und nur sie war in diesem Raum die unangefochtene Herrscherin, und das ließ sie sicherlich jeden dieser Kunden spüren.

Langsam und ohne sie aus den Augen zu lassen zog ich mich aus. Ihre Blicke folgten meinen Bewegungen. Nur noch im Slip stand ich vor ihr, aber eine Kopfbewegung von ihr bedeutete mir, auch der müsste weichen.

»Ich habe die große Beule in deiner Jeans schon bei mir zu Hause gesehen und mich gefragt, wie groß der Schwanz ist, der sich dahinter verbirgt.«

Ich zog nun auch meinen Slip aus und stand nackt vor ihr.

»Du schaust gern auf Damenhintern.«

Ich konnte nur nicken.

»Das habe ich bei mir zu Hause schon gemerkt und das, was du in dem Raum getan hast, tust du jetzt hier.«

Ihre Hand griff nach meinem Schwanz und wichste ihn mit harten Bewegungen. Nur wenige Bewegungen waren nötig, bis er steinhart zwischen meinen Schenkeln stand.

»Fick mich! Fick mich hart und tief. Ich will, dass du mich von hinten nimmst und dabei meinen Hintern mit deinen starken Händen festhältst. Ich will schreien vor Lust. Heute will ich genommen werden, sodass mir Hören und Sehen vergeht. Besorgst du es mir aber nicht richtig, wirst du meine ganze Strenge zu spüren bekommen«.

Mit diesen Worten drehte sie sich um. Sie beugte sich nach vorn und ihre Hände stützen sich an ihrem Schreibtisch ab.

Immer weiter kam mir ihr heißer Lederhintern entgegen. Das glänzende Leder spannte sich über die prallen Backen und die sich immer weiter öffnenden Lippen ihrer Muschi glänzten rosa und feucht aus dem Lederausschnitt heraus.

Mit den Gegenständen Bekanntschaft zu machen, die in diesem Büro lagen und an den Wänden hingen, hatte ich nun wirklich keine Lust.

Welcher Mann hätte das Angebot dieser geilen Lady ausgeschlagen, wenn sich ihr Hintern direkt vor ihm immer weiter herabbeugte?

Ich trat noch einmal einen kleinen Schritt zurück, um diesen Prachthintern in seiner vollen Größe bewundern zu können. Das Leder ließ ihn noch strammer erscheinen, als wenn er nackt gewesen wäre. Die Lippen ihrer Muschi waren weit offen und warteten nur auf meinen harten großen Schwanz. Jetzt sah ich auch, dass sie nicht nur feucht war, sondern klitschnass. Sie hatte sich bestimmt selbst verwöhnt, als sie mich beim Vögeln beobachtet hatte.

Mit einem Schritt nach vorn und einem kräftigen Stoß verschwand mein Schwanz tief in ihrem nassen Zentrum der Lust. Das plötzliche und harte Eindringen entlockte ihr einen leisen Schrei.

»Ja, so will ich es! Hart und tief. Fick mich!«

Immer wieder und immer schneller wurden meine Bewegungen und ihr Hintern klatschte jedes Mal an meine Oberschenkel, während ich mit beiden Händen die prallen Backen festhielt.

Ich spürte, wie ihre langen Beine anfingen zu zittern und mit einem spitzen Schrei, gefolgt von dem kräftigen Zusammenziehen ihrer Muschi, kam sie.

Ohne darauf Rücksicht zu nehmen, glitt ich immer wieder in sie hinein und wieder heraus. Ihre Knie wurden weich und sie sank herab. Aber auch jetzt ließ ich nicht von ihr ab. Ohne aus ihr herauszugleiten, kniete ich mich dahinter und vögelte sie kräftig weiter.

Sie wollte es nach allen Regeln der Kunst, wollte, dass ihr Hören und Sehen beim Ficken verging. Das konnte sie haben. Unkontrolliertes Zucken, gemischt mit heiseren Schreien, zeugte von weiteren Höhepunkten, die ihren Körper völlig willenlos machten.

»Nicht in mich hinein. Ich will es sehen, wenn es aus deinem Schwanz herausspritzt.«

Heiser keuchend kamen diese Worte aus ihrem Mund, kurz bevor ich es nicht mehr hätte verhindern können.

Mit ihrer Erfahrung hatte sie genau gespürt, dass mein Orgasmus kurz bevorstand. Ich zog meinen Schwanz zwischen ihren nassen Lippen hervor und trat einen Schritt zurück. Langsam drehte sie sich um, blieb aber vor mir auf den Knien.

Ihre Hand griff zitternd nach meinem harten Ständer, der von ihren Saft genauso glänzte wie die Lippen ihrer Muschi.

Langsam und immer schneller werdend fing sie ihn an zu reiben und es dauerte nicht lange, bis es wieder in mir anfing zu brodeln. Mein Schwanz wurde noch ein wenig steifer. Auch dies spürte sie und ließ sofort von mir ab. Dies Spiel wiederholte sie so lange, bis es unter einem Druck aus mir herausspritze, den ich so noch nie gefühlt hatte. Mit einem lauten Stöhnen kam es mir. Mein heißer Liebessaft traf ihre festen Brüste und lief auf dem glatten Leder herab bis zu der weit geöffneten Muschi, die ich eben noch gevögelt hatte.

Nun sank auch ich schwer atmend auf die Knie und rang etwas nach Luft.

»Ich hoffe, das war hart genug, und du kannst von einer Bestrafung absehen«, fragte ich sie lächelnd.

»Das war gar nicht schlecht. So gut bin ich sehr selten gefickt worden und mehr Höhepunkte auf einmal hatte ich auch noch nie. Damit hast du deine Strafe gehabt.«

»Strafe, ja, wenn das so ist, komme ich jetzt immer am Wochenende«, antwortete ich lächelnd.

»Zieh dich an und mach, dass du rauskommst. Die nötigen Reparaturen machst du in der nächsten Woche, und für heute gibt es keinen Lohn.«

Jetzt hatte ihre Stimme wieder den festen und harten Klang einer dominierenden Persönlichkeit, und ich wusste, dass meine Zeit für heute um war. Schnell packte ich meine Sachen und ging zur Tür. Ein Blick zurück und ich sah meine lächelnde Chefin noch immer auf dem Boden knien und mein Sperma lief langsam das schwarze Leder herab.

»Raus!«

24. DÜNENTRAUM

Ein Sommertag wie im Katalog gemalt. Keine Wolke stört den blauen Himmel und die Sonne scheint mit aller Kraft, die sie hat.

Der Urlaub kam zum richtigen Zeitpunkt, um dem gruseligen Wetter zu Hause zu entfliehen.

Vom Hotel hierher war es nur eine kurze Autofahrt. Ein sich windender Weg führt vom Parkplatz durch die bewachsenen Dünen bis zum Strand. Die letzte Kurve und wir stehen an einem Traum von Strand. So weit das Auge reicht nur Sand und ein Meer, das in tiefem Blau leuchtet. Die Schaumkronen auf den heranrollenden Wellen tanzen im hellen Sonnenlicht.

Allein. Niemand da, der uns stören könnte. Der Strand leer, nur Sand, Sonne, Meer und wir.

Das ist der Moment, auf den ich im Regen zu Hause gewartet habe.

Ich lasse alle Sachen fallen und stürze mich in das warme salzige Wasser des Meers.

Die Abkühlung ist genau richtig und nach ein paar Minuten Spiel mit den Wellen bin auch ich bereit, ein Sonnenbad zu genießen, so, wie du es sicherlich schon tust.

In einer durch den Wind geblasenen Kuhle in der Düne finde ich dich und du hast alles schon für uns bereitet.

Die Handtücher warten im warmen Sand und du liegst mit geschlossenen Augen im Sonnenlicht.

Dein Bikinioberteil hast du gar nicht erst mitgenommen und deine kleinen Brüste strecken sich der Sonne schon entgegen. Der leichte Wind lässt die Nippel in ihrer Mitte schön hart abstehen.

Ich lasse mich im Stehen noch etwas durch Wind und Sonne trocknen, bevor ich mich zu dir lege. Noch ein Blick in die Runde zeigt, es ist weit und breit niemand da. In einiger Entfernung liegt ein Surferhotel, aber in der Glut der Mittagshitze sind alle froh, unter einem Dach oder in einem klimatisierten Raum zu sein.

Ich lege mich neben dir auf mein Handtuch und meinen Kopf in deinen Schoß.

Deine Hände gleiten streichelnd über meinen Körper. Deine Fingernägel kratzen dabei sanft über meine Haut und hinterlassen leicht rote Streifen. Du weißt genau, was ich mag, und ein Blick in deine Augen sagt mir auch deine Wünsche.

Ich drehe den Kopf ein wenig und meine Finger ziehen das bisschen Stoff des Bikinis zur Seite.

Die Lippen deiner kleinen Muschi werden sichtbar und ich lecke einmal sanft darüber. Es schmeckt ein wenig salzig vom Meer, dessen Salz auf meiner Zunge ist. Etwas kräftiger, die Zunge gleitet zwischen die Lippen und der Geschmack ist ein ganz anderer.

Heiß und geil nach dir.

Wenn ich so über deinen flachen Bauch nach oben sehe, sind deine Brüste genau in meinem Blickfeld. Mit einer Hand massiere ich sie abwechselnd, wobei immer wieder ein sanfter Kniff in die steifen Nippel sein muss. Dies entlockt dir jedes Mal ein leises genießerisches Stöhnen und dein Unterleib drängt sich meiner Zunge entgegen.

Das Bikiniunterteil muss weg! Es hält seitlich nur mit Schleifen und schon liegst du völlig nackt vor mir.

Mit der anderen Hand öffne ich sanft die Lippen deines Pfläumchens und das rosa Innere wird sichtbar. Das will ich sehen und lecken. Mit ein paar schnellen Bewegungen meiner Zunge reize ich den kleinen harten Kitzler und das Zucken deines Körpers sagt, so willst du es.

Deine Hände gleiten nun suchend an meinem Körper hinab. Was sie suchen, weiß ich genau, und er steht schon in voller Größe bereit für dich. Zielsicher greifst du zu und dein kräftiger Griff lässt meinen Schwanz noch etwas härter werden.

»Nimm mich, jetzt und hier.«

Diesem Wunsch komme ich nur zu gern nach. Ich stelle mich hin und meine Badehose fliegt zu meinen restlichen Sachen.

So bietet die Kuhle keinen Sichtschutz mehr und ich stehe mit einem Prachtständer mitten in der Düne. Zu unserem Glück ist immer noch niemand in unserer Nähe, der uns sehen könnte und auch von dem Surferhotel schaut niemand hierher.

Unter mir drehst du dich auf den Bauch und ganz langsam hebst du deinen süßen kleinen Hintern in die Luft.

So möchtest du es also!

Wie gern komme ich auch diesem Wunsch nach. Deinen sexy Hintern beim Vögeln zu sehen und berühren zu können, ist das Sahnehäubchen beim Sex mit dir.

Je höher du ihn hebst, desto besser ist das nasse Pfläumchen für mich erreichbar und umso tiefer kann ich in die feuchten Tiefen deiner Muschi hineingleiten.

Es öffnen sich auch die Lippen deiner Muschi wie durch Magie immer weiter, je höher du den Po anhebst. Ein Bild, welches jeden Augenblick des Hinsehens wert ist.

Langsam lasse ich mich auf die Knie sinken, immer den Blick auf die Stelle gerichtet, die gleich meinen Schwanz in seiner vollen Länge aufnehmen wird.

Ganz langsam teilt die dunkelrote Eichel meines harten Ständers die weichen Lippen deiner Muschi und verschwindet darin.

Ich warte einen Moment, denn das erste Hineingleiten ist bei jedem Fick immer der schönste und erregendste Augenblick.

Deine Muschi wird sanft gedehnt und schmiegt sich eng um meinen harten Schwanz herum, als wenn sie ihn festhalten wollte.

Langsam gleite ich immer tiefer in dich hinein und ein erregtes Stöhnen kommt aus deinem Mund.

Ich fange an, mich zu bewegen. Jeder Zentimeter meines Schwanzes gleitet immer wieder tief in dich hinein und wieder heraus.

»Fick mich härter und schneller. Nimm meinen Hintern in deine Hände und besorg es mir richtig.«

Ganz nach Wunsch.

Meine Hände greifen in deine Hüfte und ziehen dich bei jedem Stoß zu mir heran. Das laute Klatschen deiner Pobacken auf meine Oberschenkel wird nur durch dein mittlerweile heiseres Stöhnen übertroffen.

Ein Orgasmus lässt deinen Körper zittern und es wird eng um meinen Schwanz. Dein ganzer Unterleib zieht sich dabei zusammen und es ist, als wenn jemand den harten Ständer mit festem Griff umklammert.

Ich weiß, das ist noch nicht alles und ich gebe dir gern mehr als einen Höhepunkt. Ich warte einen Augenblick und bleibe ohne eine Bewegung tief in dir. Ich muss meine Erregung etwas abflauen lassen, sonst komme ich viel zu früh, um dich weiter vögeln zu können.

Als dein Atem wieder anfängt, ruhiger zu sein, fange auch ich wieder an dich zu vögeln.

Diesmal aber nicht vorsichtig, sondern mit aller Schnelligkeit, die möglich ist.

Hart stößt mein Schwanz immer wieder in deine Muschi und du schreist vor Erregung ganz leise auf. Zum Glück hattest du deine Hand vor dem Mund, sonst hätten die Hotelgäste im Surferhotel sicherlich gehört, wie es dir geht.

Aus einer solch schnellen Bewegung heraus abzuspritzen ist noch intensiver und geiler, als wenn es langsam geschieht.

Außerdem jage ich dich damit nicht nur zu noch einem

Höhepunkt, sondern du schwebst durchgehend.

Dein Körper windet sich unter mir, aber jetzt will ich auch meinen Orgasmus und so bekommst du keine Pause.

Tief in dir, nach einem letzten harten Stoß, spritzt mein heißer Liebessaft aus mir heraus in deine nasse Muschi und vermischt sich mit deinem.

Schweißnass von der sengenden Sonne und der Anstrengung sinke ich neben dir auf mein Handtuch und ringe nach Atem.

Als kleine Revanche reibst du meinen glänzenden Schwanz noch ein bisschen, denn du weißt, wie unglaublich sensibel er nach jedem Abspritzen ist.

Endlich lässt du von mir ab. Wehren wollte ich mich gegen dieses geile Gefühl nicht, aber es ist wie ein Schmerz, nur viel geiler und kaum zum Aushalten.

Ich muss ins Meer, muss die wohltuende Kühle des Wassers spüren, muss meinen erhitzten Körper erfrischen.

Mit zitternden Beinen mache ich mich auf den Weg zum Wasser.

Diesmal folgst du mir und es ist noch immer niemand da, der sich an unserer Nacktheit stören könnte.

Das Eintauchen in die kühlen Fluten lässt meinen heißen Körper gefühlt leise zischen und das pochende Blut in meinen Adern beruhigt sich schnell.

Hand in Hand gehen wir zurück zu unseren Handtüchern, die unschuldig da liegen, als wäre nichts gewesen.

Nur der kleine nasse Fleck zeugt von den geilen Momenten, die wir hier eben erlebt haben.

25. KlubTraum

Ich bin schon dort gewesen.

Vieles hatte ich damals darüber gehört und auch mein ehemaliger Partner hatte mir einiges erzählt.

Ich hatte es für mich immer abgelehnt, dass ein fremder Typ seinen harten Schwanz zwischen die feuchten Lippen meiner süßen Muschi schiebt und mich fickt. Das konnte und wollte ich mir nie vorstellen. Genauso wollte ich es nicht, dass mein Partner so etwas mit anderen Frauen tut.

Ich bin nicht eifersüchtig, aber das Vergnügen, deinen nackten Körper zu sehen, jeden Zentimeter zu berühren, dich überall zu küssen, in die harten Nippel an deiner Brust zu beißen, deinen großen Schwanz zu blasen und mich von dir vögeln zu lassen, wollte ich nicht mit irgendeiner anderen teilen.

Ich war damals mehr als skeptisch, als mein Expartner die Idee hatte, dass wir doch auch mal einen Abend in so einem Klub verbringen könnten. Er zerstreute meine Bedenken und Zweifel. Jeder tut nur das, was er mag, und ein Nein wird von jedem akzeptiert.

Nach längerem Zögern erklärte ich mich einverstanden, und wenn ich ehrlich bin, siegte damals einfach die Neugier auf etwas Unbekanntes und noch nicht Erlebtes.

Wenn ich mich heute daran zurückerinnere, waren es heiße und geile Abende, die ich in dem Klub erlebt hatte. Anderen fremden Menschen beim Sex zuzusehen und selbst von anderen dabei beobachtet zu werden, war ein prickelnd erotisches Gefühl.

Während ich jetzt so darüber nachdenke, spüre ich das gleiche Kribbeln wie damals, jedes Mal, bevor wir hingingen.

Ob du wohl mit mir auch in einen solchen Klub gehen würdest?

Ob ich dich einfach mal frage?

Du bist Neuem und Erotischem gegenüber nicht ablehnend, und auch sonst probierst du alles aus. Warum nicht mal ein Besuch in einem Erotikklub?

Einfach gefragt und das neugierige Leuchten in deinen

Augen ist Antwort genug. Klar machst du mit. Genauso wie bei mir damals siegt die Neugier, und Eifersucht kennst du ja sowieso nicht.

Nun ist es so weit. Heute Abend wollen wir los und ich habe den Klub ausgewählt, den ich von damals noch kenne.

Was ziehe ich an?

Da habe ich es leicht.

Die superheiße Lederkorsage, die mehr zeigt, als sie verdeckt und trotzdem meine intimste Stelle bedeckt. High Heels in Schwarz, einen kurzen Rock und eine schicke Bluse und fertig ist das sexy Outfit.

Während ich noch die eigentlich unnötigen Korrekturen vornehme und mich schminke, stehst du ratlos und nackt vor deinem Schrank, denn du hast für diesen Anlass nichts zum Anziehen.

»Reizwäsche für Männer, entweder nur zum Lachen oder Fetisch pur«, war bisher immer deine Aussage zu erotischer Männerwäsche.

Ich könnte nur bei dem Anblick schon über dich herfallen und dich nach allen Regeln der Kunst vernaschen.

Dein knackiger Arsch, die breiten Schultern, die behaarte Brust und dein Liebespender, der zurzeit völlig unschuldig zwischen deinen kräftigen Schenkeln hängt. Bei dem Gedanken daran, wie er mein kleines Liebesnest vögeln kann, werde ich sofort feucht zwischen meinen Beinen.

Ich lasse dich machen, denn von der Überraschung, die ich im Erotikshop für dich gekauft habe, sage ich noch nichts. Mal sehen, für was du dich entscheidest.

Nach dem Schminken sehe ich wieder nach dir und deine Wahl ist gut.

Alles normal und trotzdem chic. Knapper Slip, keine Socken, ein schwarzes Hemd, eine bequeme helle Stoffhose und ein wenig Parfüm.

Ich könnte mit dem Ergebnis zufrieden sein, wenn ich nicht etwas ganz anderes im Sinn gehabt hätte.

In meiner Hand halte ich das Paket, welches ich für dich besorgt habe, und du schaust skeptisch auf dem Inhalt, nachdem du es geöffnet hast.

»Du wirst klasse darin aussehen, ganz bestimmt.«

Ich lasse es dich allein anziehen, damit du selbst entscheiden kannst, ob du es magst.

Du kommst aus dem Bad und siehst hinreißend aus. So werden dich alle Frauen begehren und sich von dir vögeln lassen wollen. Ich habe leichte Zweifel, ob wir wirklich das tun, was ich möchte.

Du siehst meinen Gesichtsausdruck und lachst.

»Niemand kommt mir zu nah, wenn du es nicht willst.«

Mit den eigenen Waffen geschlagen!

Auf geht's und nach kurzer Fahrt sind wir da.

Nach einmaligem Klopfen an der Tür des unscheinbaren Hauses öffnet sie sich und mit einem kurzen Blick auf dich wird uns der Weg freigegeben. Ein Vorhang trennt uns noch von dem Inneren des Hauses.

Ich nehme dich an der Hand und ziehe dich in einen Raum, der wie eine Umkleide gestaltet ist. Hinein gehen alle hier nur in Reizwäsche oder ganz nackt, erkläre ich dir.

Wir ziehen uns aus und schließen unsere Sachen in einem Schrank ein.

Du nur in dem heißen Slip und dem Shirt, welches ich dir gekauft habe. Beides supereng anliegend und obwohl schwarz, ganz leicht durchsichtig. Jede Bewegung deiner Muskeln ist zu sehen und auch der Slip zeigt, was du hast.

Ich in meiner heißen Korsage und ansonsten genauso nackt wie du, betreten wir den Raum hinter dem Vorhang.

Sanfte Musik und gedämpftes Licht empfangen uns. Eine große Theke und überall Sitzgelegenheiten beherrschen diesen Raum.

Wir werden mit einem freundlichen Hallo begrüßt und der Barkeeper stellt sich als der Besitzer des Klubs heraus. Auch er steht in einem schwarzen Lederoutfit hinter seiner Theke. Es ist nicht mehr der Chef von damals, aber die Räumlichkeiten sind noch genau so, wie ich sie in Erinnerung habe.

Mein erster Blick gleitet genauso wie deiner durch den Raum. Es ist noch früh und nur wenige Gäste sind da. Alle entweder nackt oder, so wie wir, leicht bekleidet. Bis auf ein Pärchen sitzen alle an der Theke und führen lockere Gespräche miteinander, wobei die ein oder andere Hand immer wieder über nackte Haut streichelt.

Das Pärchen sitzt in einer Kuschelecke und nimmt von allen anderen nichts wahr, denn sie sind zwar noch leicht bekleidet, aber nur mit sich selbst beschäftigt.

Bewundernde Blicke der Damen treffen auf deinen Körper, wobei die Blicke immer wieder an deinem Slip hängen bleiben. Mich sehen sie abschätzend von oben bis unten an, aber dafür sind die Blicke der Herren neugierig und anerkennend auf meinen schlanken Körper gerichtet, der durch die eng geschnürte Korsage noch betont wird. Meine Brüste sind zwar nicht sehr groß, aber fest und werden durch die Korsage sehr gut in den Blickpunkt gehoben – und dazu noch meine nackten Pobacken. Ich genieße die Blicke der Herren, denn sie zeigen mir, dass ich die richtige Wahl getroffen habe. Genauso genieße ich auch die begehrenden Blicke der Damen auf deinen Körper, denn er gehört zu mir und nur ich darf ihn berühren.

Auch wir setzen uns erst mal an die Theke und beteiligen uns an den Gesprächen. Die ersten Hände fremder Herren versuchen, meinen Körper anzufassen, aber ein leichtes Kopfschütteln reicht, um sie auf Distanz zu halten. Wenn ich mir die anderen Gäste so anschaue, müssen wir beide uns nicht verstecken.

Nach dem Begrüßungsdrink zeige ich dir erst einmal, was dieser Klub zu bieten hat. Wir fangen im Keller an, der zu einem Wellnessbereich umgestaltet worden ist. Ein großer Whirlpool in der Mitte, eine Sauna, die zum größten Teil aus Glas besteht, sowie Duschen und WC und ein offener Raum mit sehr bequemen Massageliegen.

Ein einzelner Herr sitzt in dem Pool und schaut uns erwartungsvoll an. Er scheint auf Damen oder Pärchen zu warten, um nicht allein zu sein. Mehr als ein freundliches »Guten Abend« bekommt er aber nicht von uns.

Vielleicht ist es aber auch seine Partnerin, die sich auf einer Massageliege von einem knackigen jungen Mann massieren lässt. Wir bleiben stehen und schauen einen Moment zu. Die öligen Hände des Masseurs gleiten immer wieder über den Körper der Frau. Kräftiges Massieren der großen Brüste lassen ihre Nippel hart stehen. Seine Hände gleiten zwischen ihre Schenkel und genauso kräftig, wie er eben die Brüste behandelt hat, massiert er unter ihrem leisen Stöhnen die Schamlippen und den Kitzler ihrer Muschi.

Wir wenden uns ab und lassen sie mit dem sicherlich bald kommenden Orgasmus allein.

Ein bedauerlicher Blick des Herrn im Pool folgt uns, als wir den Wellnessbereich verlassen. Er hatte sich wohl schon meinen nackten Körper und einen heißen Fick mit mir vorgestellt.

Auf dem Weg nach oben kommen wir wieder durch den Hauptraum, der sich etwas gefüllt hat. Das Pärchen in der Sitzecke ist immer noch mit sich selbst beschäftigt, aber sie ist mittlerweile nackt und sein Kopf steckt zwischen ihren Schenkeln. Was er da macht, sehen wir nicht, aber es ist leicht zu erraten.

Bei dem Gedanken daran, wie seine Zunge durch die Muschilippen und über den Kitzler der Frau leckt, spüre ich meine eigene Feuchtigkeit warm zwischen meinen Schenkeln.

Als ob du meine Gedanken erraten hast, streichelst du mir sanft über meinem Po, als wir die Treppe nach oben nehmen. Ganz kurz streift deine Hand über das Leder zwischen meinen Schenkeln. Der dünne Streifen des Korsetts teilt meine Muschi und du spürst die Feuchtigkeit meiner Schamlippen.

»Das hat dich geil gemacht, zuzusehen wie sie geleckt wird, oder? Dein Pfläumchen ist schon ganz nass«, höre ich dich leise in mein Ohr flüstern.

Ich nicke nur und greife mit einer Hand in deinen Schritt.

»Was da schon etwas härter geworden ist, zeugt auch nicht gerade von Desinteresse.«

Dein schelmisches Grinsen und der Klaps auf meinen fast nackten Po sagt mir alles und wir gehen die Treppe weiter nach oben.

Mehrere Räume sind auf dieser Ebene und jeder hat einen speziellen Namen, der auch an der geschlossenen Tür steht.

Ich sehe schon die Tür, zu der ich eigentlich will, lenke aber meine Schritte und dich erst einmal in die andere Richtung.

Durch die geöffnete Tür treten wir in den ersten Raum. Es ist wie ein Prinzessinnenzimmer eingerichtet. Viel Rosa, ein Himmelbett mit riesigen Ausmaßen. Spielzeuge, wie Handschellen mit Plüsch, Dildos, Analkugeln und vieles mehr, alles weich und in Rosa.

Ich kenne den Raum so auch noch nicht, er war früher anders eingerichtet. Er ist sicherlich auch nichts für dich, das sagt mir dein Blick.

Auf dem riesigen Bett allerdings gibt es schon etwas zum Schauen.

Eine Frau und zwei Herren vergnügen sich dort, ohne sich von uns stören zu lassen. In ihrer Muschi bewegt sich ein harter Ständer hin und her, während sie den zweiten Schwanz mit ihrem Mund verwöhnt.

Kurz lässt sie von ihm ab und macht eine einladende Geste. »Kommt doch zu uns und macht mit. Das Bett ist groß genug für uns alle und ich könnte noch einen dritten Schwanz gebrauchen. Was dein Süßer da in der Hose hat, ist ziemlich ordentlich und die beiden Jungs hier hätten sicherlich auch nichts dagegen einzuwenden, deinen knackigen Körper zu vögeln.«

Wir schütteln beide gleichzeitig den Kopf, denn zumindest ich habe etwas ganz anderes im Sinn.

»Dann habt noch viel Spaß, ihr zwei.«

Mit diesen Worten wendet sie sich wieder dem Ständer zu und lässt ihn zwischen ihren rot geschminkten Lippen verschwinden, um ihn weiter zu blasen.

»Danke, euch auch«, kommt es fast gleichzeitig von uns zurück, bevor wir die drei allein lassen. Hinter der nächsten Tür befindet sich das Arztzimmer. Hier hat sich zu damals so gut wie nichts verändert.

Ein Stuhl wie beim Gynäkologen, eine Liege und alles in Weiß gehalten. In den Arztschränken aus Glas liegt das Spielzeug, welches hier benötigt wird. Niemand ist im Raum und wir haben Zeit, uns in Ruhe umzusehen und die Gegenstände genau zu begutachten.

Latexhandschuhe, Arztkittel, Stethoskope, Gleitmittel und unzählige chromglänzende Werkzeuge, von denen wir keine Ahnung haben, für was sie beim Sex verwendet werden könnten.

Nur einige Dinge in der Nähe des Gynäkologenstuhls kommen mir von den Untersuchungen bei meinem eigenen Arzt bekannt vor.

Lachend setzt du dich in den Stuhl und legst die Beine in die dafür vorgesehenen Halterungen.

»Ich wollte schon immer mal ausprobieren, wie ihr euch fühlt, wenn ihr beim Doc so sitzt.«

Da du kurz vorher noch deinen Slip ausgezogen hast, liegt alles, was du so zu bieten hast, frei vor mir. Mein Freudenspender liegt brav auf den beiden Bällchen und man sieht es ihm nicht an, wie groß und hart er werden kann.

Ich trete zwischen deine Beine und schnalle ein Fußgelenk nach dem anderen fest. Was du noch nicht gemerkt hast, ist, dass die Halterungen noch lange nicht in der breitesten Stellung zueinander stehen. Ich löse die Arretierung und drücke ein Bein nach dem anderen, so weit es geht, auseinander, bis die Arme einrasten. Nachdem ich auch die Rückenlehne ganz herabgesenkt habe, liegst du wie zur Untersuchung bereit.

»Und jetzt stell dir mal vor, ein Fremder steckt dir jetzt alle möglichen komischen Sachen in deinen Körper.«

Während ich dies sage, greife ich in den Schrank und hole ein Spekulum heraus und komme dir damit immer näher.

Dein skeptischer Blick bringt mich zum Lachen. »Keine Angst, ich tu dir nichts. Aber so fühlen wir uns, wenn der Doc so ein Teil in unsere Muschi einführen will.«

Aber wo du da gerade so schön liegst, greife ich an meinen Freudenspender und die beiden Bällchen. Deiner Schwanzspitze drücke ich einen feuchten Kuss auf und die Bällchen sauge ich abwechselnd zwischen meine Lippen.

Ich trete einen Schritt zurück und schaue mir lächelnd das Ergebnis an.

Du schaust an dir runter auf den langsam wachsenden Schwanz.

Mit einem lüsternen Grinsen sagst du zu mir: »Du könntest dich ja mal ein bisschen mehr um ihn kümmern.«

Ich trete wieder zwischen deine Beine und du lehnst dich entspannt zurück. Da kommt mir eine viel bessere Idee. Ein Griff in einen Schrank und ich habe ein Gleitgel in der Hand.

Ich verteile etwas davon auf deinem fast harten Schwanz und wichse ihn ein wenig, bis er richtig steht.

Dann aber schiebe ich ganz vorsichtig einen Finger mit viel Gel daran in deinen Po. Ich kenne die Stelle ganz genau, die ich in dir berühren muss, damit du dieses geile Zucken bekommst.

Dein Kopf kommt kurz hoch und ich sehe die freudige Überraschung in deinen Augen und fange an, dich vorsichtig mit meinem Finger zu vögeln. Immer wieder berühre ich den einen Punkt und reize ihn. Das Ergebnis ist ein hammerharter Ständer, der in meiner Hand zuckt und pulsiert.

Da ich weiß, dass du nach dem Abspritzen immer eine kleine Pause brauchst, höre ich aber damit auf, denn mir steht der Sinn nach etwas ganz anderem und dafür will ich deinen harten Schwanz haben.

»Geil machen und dann liegen lassen, so nicht, mein Fräulein«, kommt es aus deinem Mund.

»Warte es ab und komm mit!«

Mit diesen Worten löse ich die Schnallen an deinen Fußgelenken, und nachdem dein Schwanz langsam erschlafft ist und du deinen Slip wieder anhast, verlassen wir den Raum.

Gegenüber lese ich das Türschild von dem Raum, den ich mir bis zuletzt übrig gelassen habe und auf den ich schon den ganzen Abend geil bin.

Ich kenne den Darkroom schon von früher und bin gespannt, ob er noch genauso eingerichtet ist, denn das ist der Raum, für den ich mir meine Geilheit und mein Verlangen auf dich aufgespart habe.

Ich öffne die Tür und lasse dir den Vortritt. Dunkelheit umfängt uns und sie wird nur durch das schimmernde Neonlicht durchbrochen, welches von irgendwoher kommt.

Es hat sich nichts verändert.

An den Wänden sind mehrere Möglichkeiten zum Fesseln.

Eine lederbezogene Bank, an der Ketten zum Fesseln hängen. Ein Bock, über den man einen Körper spannen kann, mit Fesseln an jedem Bein. Unzählige Möglichkeiten, geilen Schmerz zufügen zu können, hängen an der Wand oder liegen auf kleinen dunklen Tischen. Von der einfachen Peitsche über lederne Masken, bis zu Klemmen für Brustwarzen und Schamlippen.

Alles noch genauso wie früher und alles geil anzusehen in dem diffusen Licht.

Auch dein Blick gleitet über all die Dinge und bleibt an den Personen hängen, die mit uns im Raum sind, denn wir sind nicht allein.

Eine etwas blass wirkende Dame steht mit weit gespreizten Armen und Beinen an einer Wand. Ihre Gelenke sind mit schweren Ketten gefesselt, sodass sie sich nur sehr wenig bewegen kann. Hinter ihr steht ein etwas dicklicher Herr mit einer Peitsche in der Hand.

Während er immer wieder ausholt und die helle Haut der Dame trifft, kniet vor ihm eine nackte und viel jüngere Frau und bläst seinen kleinen, aber hoch aufgerichteten Schwanz.

Auf der blassen Haut, hauptsächlich auf den Pobacken, zeichnen sich die Striemen der Peitsche hellrot ab und ihre lustvollen Schreie werden nur von dem lauten Stöhnen des Herrn unterbrochen. Die junge Frau lässt von ihm ab, er legt die Peitsche an die Seite und tritt hinter die blasse Frau.

Mit einer schnellen Bewegung ist sein Schwanz in ihr verschwunden. Viel zu schnell fickt er sie, die ihm ihren Hintern so weit entgegenstreckt, wie es die Ketten erlauben. Mit einem letzten Stöhnen kommt er nach ganz kurzer Zeit in ihr.

Die junge Frau hat ihren Dienst getan und seinen Schwanz auf diesen Fick vorbereitet. Nun steht sie auf und kommt nackt und lächelnd auf uns zu.

»Kann ich für euch beiden auch etwas tun?«

Du schaust ihren nackten schlanken Körper an und schüttelst den Kopf.

»Danke, Süße, für dieses Angebot, aber Starthilfe brauche ich ganz bestimmt nicht.«

Lächelnd lässt sie uns mit dem schwer atmenden Paar allein im Raum.

Mein Blick fällt auf den mit Leder bezogenen Bock und ich mache ein paar Schritte darauf zu. Du folgst mir und wieder errätst du meine Gedanken.

»Hier möchtest du also gevögelt werden, nachdem ich dir auch den Hintern versohlt habe.«

Keine Frage, sondern ausgesprochene Gedanken!

Ich grinse dich an und schaue an dir herab. Dein großer Schwanz passt schon lange nicht mehr in den knappen Slip und steht fast vollständig im Freien. Nur deine kleinen Bällchen sind noch verpackt.

Ich beuge mich kurz hinunter und drücke einen Kuss auf die samtweiche rote Eichel.

»Ja, mein Herr, das möchte ich. Ich bin so geil darauf, deinen Schwanz in mir zu spüren, ich kann es kaum noch erwarten.«

Während ich dir diese Worte sage, öffne ich das Lederband meiner Korsage und sie fällt ungehindert zu Boden.

Ich gehe nackt und langsam immer näher an den Bock heran und ohne mich, um das andere Paar zu kümmern.

Mein Oberkörper senkt sich langsam über das warme Leder, und nachdem du meine weit gespreizten Beine mit den Fesseln an ihm fixiert hast, beuge ich mich, so weit es geht, herab.

Ich weiß, dass du hinter mir stehst und dein Blick nur noch auf meinen Po gerichtet ist.

Je weiter ich mich herunterbeuge, desto praller kommt er zur Geltung. Außerdem öffnet sich durch die weit gespreizten Beine meine nasse Muschi immer weiter für dich.

Eine Handfessel klicke ich selbst noch zu und die zweite überlasse ich dir. Ich bin dir völlig ausgeliefert und schließe meine Augen, um mich dem mir bevorstehenden Genuss ganz hingeben zu können.

Ich spüre deine Nähe, obwohl ich dich nicht sehen kann. Ein sanfter Kuss trifft jede meiner Pobacken und auch meine weit geöffnete Muschel kommt nicht zu kurz. Ich fühle deine feuchte Zunge, wie sie durch meine Schamlippen gleitet und fange ganz langsam an zu schweben.

Ein kurzer geiler Schmerz holt mich in die Wirklichkeit zurück und bevor ich mich besinne, klatscht es auch schon auf die andere Pohälfte.

Das war nicht deine flache Hand wie zu Hause und es war auch nicht die Peitsche, die das Pärchen vorhin benutzt hat. Die kleine Lederfläche der Gerte trifft immer wieder meine Pobacken und die Innenseiten meiner Schenkel.

Du bist vorsichtig, aber in deiner Kraft genau richtig. Sanft, aber schnell hintereinander triffst du jetzt meine nasse Muschi. Es klatscht ganz leise auf den nassen Lippen und jedes Mal, wenn du den Kitzler triffst, zieht ein irre geiler Schmerz durch meinen Körper.

Ich möchte jetzt so gern gevögelt werden. Möchte dich tief in mir spüren.

Ich höre nur ein deutliches »NEIN« von dir und erfahre später, dass der dickliche Herr auch gern mit der Peitsche, die er bei seiner Frau benutzt hat, meinem Hintern ein paar Streifen geben wollte.

Er stand auf einmal neben dir, aber dein Blick und ein deutliches Wort haben gereicht, damit er sich zurückzog.

»Hat der kleine geile Hintern und das Pfläumchen genug oder darf es noch etwas mehr sein?«

Ich höre deine Stimme nah an meinem Ohr und mir fallen nur zwei Worte darauf ein.

»Fick mich!«

Den Wunsch erfüllst du mir gern und ich spüre, wie sich dein harter Schwanz langsam in meine Muschi hineinschiebt. Nicht so wild und schnell wie der Herr, bei dem wir zugeschaut haben, sondern ganz langsam und gefühlvoll.

Ich fühle jeden Millimeter, der sich in mich hinein schiebt, fühle mich immer mehr ausgefüllt.

So, wie ich hier angebunden bin, kannst du tiefer zu mir kommen als je zuvor, und das Gefühl, als du tief in mir anstößt, ist so geil, dass ein lauter Schrei aus meiner Kehle kommt.

Ganz langsam fängst du an, dich zu bewegen, und triffst jedes Mal wieder den Punkt tief in mir.

Ich weiß, du spürst, wie es mir geht, denn wie du mit deinem Schwanz mein Pfläumchen vögelst, ist so, dass es mich auf Wolke sieben katapultiert und nicht wie das Gerammel, was wir eben beobachtet haben.

Du bist beim Sex kein Egoist, so wie der Herr vorhin, sondern es ist dir wichtig, dass auch ich den Genuss erleben kann.

Du hast die kleine Gerte aus Leder wieder in der Hand und mein Po brennt leicht unter den klatschenden Treffern. Das und der immer schneller werdende harte Schwanz in mir bringen mich zu einem Orgasmus, den ich so noch nie hatte.

»Hör nicht auf. Bitte mach weiter. Vögel mich hart und tief«, flehe ich dich an, denn ich will dieses Gefühl des Schwebens bei einem Orgasmus noch öfter haben.

Jegliches Denken hat aufgehört und mein Körper gehorcht mir schon lange nicht mehr. Ich will nur noch fühlen, geil und willenlos sein, benutzt werden.

Schweben in den Wolken aus Lust und pure Geilheit spüren, das ist es, was dein Schwanz mir gerade gibt.

Ich weiß nicht, wie oft ich gekommen bin und wie laut ich meine Lust hinausgeschrien habe, bis ich deinen Saft heiß in mir spüre, nachdem du mit einem tiefen Stöhnen und einem letzten, festen und tiefen Stoß in mir abgespritzt hast.

Es ist feucht, heiß und glitschig in mir und genauso liebe ich es.

Du ziehst deinen Schwanz langsam aus mir heraus und ein Schwall Liebessaft läuft mir warm über die Schamlippen.

Das Lösen der Ketten geht schnell, aber als ich mich aufrichte, rast mein Puls immer noch und mir ist schwindelig.

Lächelnd siehst du mich an, nimmst mich in den Arm und legst mich auf die Liege, damit ich mich erholen kann.

Das Pärchen hat uns die ganze Zeit zugesehen und es war dir und mir völlig egal.

Leise höre ich sie ihrem Mann zuflüstern. »So möchte ich auch mal gevögelt werden. Bring mich auch einmal so zum Schreien vor Geilheit.« Während sie das sagt, schaut sie sehnsüchtig auf deinen noch nass glänzenden Schwanz, der immer noch ziemlich groß zwischen deinen Schenkeln steht.

Ich schau sie an und schüttele leicht den Kopf. »Das ist meiner, den gibt es nicht.«

Zeit hatte bei dem Rundgang durch den Klub keine Bedeutung und als wir, nachdem ich mich erholt hatte, wieder runtergingen, waren viele Gäste schon nicht mehr da.

Mit einem Augenzwinkern und dem Satz »Bis bald mal wieder« verabschiedet uns der Chef hinter der Theke, als wir in Richtung Umkleide verschwinden.

26. FlugzeugTraum

Endlich Urlaub und es geht ab in die Sonne. Der Flieger gebucht, ich sitze im Flughafen und warte darauf, dass das Flugzeug endlich da ist und ich einsteigen kann. Mal sehen, wo und neben wem ich sitzen werde. Reservieren tue ich nie, denn so ist es immer eine Überraschung, wen man kennenlernt.

Es sind viele Menschen im Wartebereich, also scheint der Flieger voll zu werden.

Endlich geht es los. Die Crew geht durch den Wartebereich und der Aufruf für alle anderen kommt durch den Lautsprecher. Ich lasse mir Zeit, denn das Gedrängel, um in den Flieger zu kommen, mag ich nicht wirklich.

An der Eingangstür zum Flugzeug begrüßen zwei Stewardessen die Fluggäste.

Schritt für Schritt gehe ich die Treppe hoch und mein Blick ist nach oben gerichtet. Als Erstes kommen die nackten Beine in mein Sichtfeld, leicht gebräunt, schlank und elegant und das im Doppelpack. Danach ist nur noch Uniform zu sehen, bis ich in zwei wunderschönen Gesichter blicke, die mich anlächeln. Ich mag Uniformen und habe auch schon häufiger Stewardessen gesehen, aber die beiden rauben mir den Atem. Beide mit einer Figur, die jeden Mann zum Träumen bringt. Lange Haare zum Zopf gebunden und nur sehr dezent geschminkt. Aus dem Lächeln spricht Lebensfreude und Spaß am Job. Das gemeinsame »Guten Morgen« mit angenehm tief klingenden Stimmen hallt noch in meinen Ohren nach, als ich schon längst an ihnen vorbei bin.

Ein Blick auf mein Ticket zeigt mir Reihe und Platz. Dort angekommen ist aber alles besetzt und ein Ticketvergleich offenbart eine Doppelbelegung. Ich drehe mich um und trete meinen Weg zurück zu den beiden Schönheiten an.

Zum Glück war ich einer der Letzten und nur wenige Personen stehen noch im Gang. Lächelnd erwarten mich die zwei, denn es ist ihnen klar, dass ich etwas von ihnen möchte.

Mit ungläubigen Blick schauen sie auf mein Ticket und während ich mit einer von ihnen am Eingang des Flugzeugs warte, kontrolliert die andere den belegten Platz.

Mein Schnürsenkel hat sich gelöst und ich knie nieder, um ihn neu zu binden.

»Sie müssen nicht vor mir knien, um einen Sitzplatz zu erhalten, den Service gibt es bei mir kostenlos.«

Ich schaue nach oben und sehe amüsiert blitzende Augen und ein Lächeln auf den vollen Lippen.

»Ich knie immer vor schönen Frauen«, antwortete ich und mit einem Blick auf ihre nackten Beine füge ich mit einem Lächeln hinzu: »Und es ermöglicht mir meist sehr reizvolle Aussichten.«

Die zweite Schönheit kommt zurück und es ist wahr, ich habe keinen Sitzplatz.

Auf den nächsten Flieger zu warten ist für mich keine Option, antworte ich auf ihre Frage. Dann könnte sie mir nur den unbequemen Sitz hier bei der Crew anbieten. Mit einem Blick auf die zwei heißen Mädels in Uniform nicke ich lächelnd.

»Ich glaube, ich könnte es schlimmer treffen.«

Das Gepäck der Passagiere ist verstaut und das Flugzeug rollt zum Start. Die beiden sexy Stewardessen setzen sich mir gegenüber und beide schnallen sich an.

Ein kurzer Blickwechsel zwischen den beiden und sie schauen wieder zu mir. Langsam öffnen sie beide ihre langen Beine und ihre Uniformröcke rutschen genauso langsam nach oben.

Nackt! Beide tragen kein Höschen.

Mein Blick ist wie gebannt auf die sich langsam öffnenden Schenkel gerichtet.

Zwei kleine rasierte rosafarbene Pfläumchen öffnen langsam ihre Lippen für mich.

Ich habe zwar eine weite Hose an, aber selbst die ist in Sekundenschnelle zu eng. Der Blick der beiden ist genau auf diese Stelle gerichtet und leise höre ich eine der beiden sagen.

»Kümmere du dich erst mal um die anderen Gäste und ich blase unserem Spezialgast erst mal seinen Schwanz. Er hat ein wenig Schadensersatz verdient, wo er doch so unbequem sitzen muss.«

Damit ist auch die Hierarchie geklärt. Das blonde Gift ist die Chefin und die Dunkle zweite Kraft.

Mit leisem Bedauern im Blick erhebt sich die Dunkle, geht und zieht den Vorhang zur Passagierkabine wieder hinter sich zu.

Bevor ich irgendwelche Bedenken hätte äußern können, selbst wenn ich das gewollt hätte, kniet sich die Chefstewardess zwischen meine Beine und öffnet mit geschickten Händen, Gürtel und Reißverschluss meiner Hose. Mein harter Schwanz schnellt ihr entgegen, nachdem sie ihn vom Slip befreit hat.

Mein skeptischer Blick, den ich auf den Vorhang werfe, wird von ihr abgefangen.

»Keine Sorge, mein Süßer, solange ich das Zeichen zum Anschnallen nicht ausschalte, kommt bestimmt niemand hier rein.«

Sanft legen sich ihre Lippen um meine pralle Eichel und fangen an zu saugen. Ihre Hand reibt dabei über die ganze Länge meines harten Schafts.

Zum Abschnallen meines Gurts bin auch ich nicht gekommen und so bin ich fast zur Bewegungslosigkeit verdammt.

Mein Schwanz kann an Größe und Härte nicht mehr zulegen und das spürt das blonde Luder auch. Sie lässt von mir ab, dreht sich um und schiebt ihren Uniformrock nach oben.

Was ich zu sehen bekomme, ist ein knackiger, geiler Arsch, der sich langsam über meinen hoch aufgerichteten Schwanz senkt. Ich fühle meine Schwanzspitze an den Lippen ihrer feuchten Muschi anstoßen. Sie senkt ihren geilen Hintern noch ein wenig weiter und meine pralle Eichel wird von ihren heißen feuchten Lippen umschlossen. Mit einem leisen Stöhnen und einem kräftigen Ruck setzt sie sich ganz auf mich und mein harter Stab ist ganz in sie hineingeglitten.

Langsam fängt sie an, sich zu bewegen, und nutzt dabei die ganze Länge, die ihr mein Schwanz zur Verfügung stellt.

Immer schneller gleitet ihre nasse Muschi über meinen Schwanz. Ich höre nur das leise Klatschen ihrer Arschbacken auf meinen Schenkeln und ein gedämpftes Keuchen, denn sie hat sich eine Hand vor den Mund gehalten, damit ihr Stöhnen nicht von den Passagieren gehört wird.

Die Muskulatur ihrer Liebeshöhle zieht sich fest zusammen und sie zittert am ganzen Körper beim Höhepunkt. Sie richtet sich auf, zieht ihren Rock nach unten und glatt. Danach dreht sie sich um und schaut mir erst in die Augen und dann auf meinen nass glänzenden harten Schwanz zwischen meinen Beinen.

Sie beugt sich herab und gibt mir einen Kuss auf die Schwanzspitze.

»Danke, mein geiler Süßer. Jetzt macht der Job noch einmal mehr Spaß. Ich schicke dir gleich meine Kollegin, die wird sich um das Prachtstück kümmern, das mich so geil gevögelt hat, damit er auch noch zum Abspritzen kommt.«

Lächelnd schaut sie mir dabei zu, wie ich versuche, das harte Ding in meiner Hose zu verstecken. Erst als das mehr oder weniger gut geklappt hat, öffnet sie den Vorhang ein wenig und verschwindet im Passagierraum des Flugzeugs.

Ich bleibe mit einem pochenden harten Ständer in meiner Hose zurück. So geil benutzt worden bin ich auch noch nie, und ich bin mal gespannt, wie sich der Rest des Flugs entwickelt und ob die Dunkelhaarige genauso scharf ist wie ihre Chefin.

Das übliche Prozedere während eines Fluges beschäftigt die beiden, und mir bleibt die Rolle des Zuschauers, aber mal aus einer völlig neuen Perspektive.

Trotz des Stresses ihres Jobs steht die dunkelhaarige Schönheit auf einmal neben mir und flüstert mir ins Ohr.

»Keine Sorge, ich komme noch zu dir. Meine Chefin hat mir schon erzählt, wie geil sie gevögelt hat und das will ich mir keinesfalls entgehen lassen.«

Während sie mir das zuflüstert, greift sie mir zwischen meine Beine und drückt mein bestes Stück mit festem Griff.

»Und auch um ihn werde ich mich kümmern. Ich freue mich schon darauf, wenn er abspritzt und ich ihn dir leer saugen kann.«

Die kurzen Worte und der feste Griff haben dafür gesorgt, dass sich in meiner Hose wieder etwas regt und auch das wird von ihr bemerkt. Mit einem Lächeln und den Worten »Gleich, mein Süßer« geht sie wieder an ihre Arbeit.

Dass in der ersten Sitzreihe jemand etwas bemerkt hat, glaube ich nicht, aber es wäre mir auch völlig egal.

Das kleine Anschnalllämpchen über mir leuchtet. Ich bin eine wenig eingenickt und die Zeit verging wie im Flug. Dann soll es wohl mit der sexy Stewardess nichts mehr werden. Ich hatte genau das gerade gedacht, da kommt sie mit ihren langen Beinen und zieht den Vorhang hinter sich zu.

»Es geht erst jetzt, mein Süßer. Wir wollen doch nicht von Passagieren oder den Piloten gestört werden, oder? Jetzt ist Anschnallpflicht und die Piloten haben auch genug zu tun und niemand wird uns stören.«

Der Argumentation kann ich folgen und bin mal gespannt, was sie nun vorhat. Ich sollte nur Sekunden warten müssen, um genau dies zu erfahren.

»Leckst du mir mein kleines Mäulchen, bevor du mich fickst? Ich brauche etwas länger als meine Chefin, bis ich komme, und da wäre ein bisschen Vorbereitung mit deiner Zunge gar nicht schlecht. Außerdem mag ich es, wenn eine feuchte Zunge durch meine Schamlippen leckt und mit meinem Kitzler spielt.«

Während sie spricht, zieht sie ihren Rock nach oben und stellt eins ihrer langen Beine auf den Sitz neben mich.

Direkt vor meinem Gesicht öffnet sich ein lecker duftendes, glatt rasiertes, saftiges Pfläumchen. Die rosafarbenen Lippen glänzen ein wenig feucht. Meine Hände greifen an den festen Hintern und ziehen sie sanft zu mir. Langsam und mit viel Genuss fährt meine Zunge durch ihr Feuchtgebiet. Ein paar kurze schnelle Bewegungen meiner Zunge an der kleinen Perle, lassen sie größer und härter werden. Ein unterdrücktes leises Stöhnen sagt mir, dass ich genau den richtigen Punkt getroffen habe.

Ihre Feuchtigkeit auf meiner Zunge schmeckt heiß und nach mehr. So tief, wie es mit meiner Zunge nur möglich ist, lasse ich sie in ihr Liebesnest eintauchen und der Geschmack wird immer intensiver. Ihr Unterleib drückt sich zusätzlich immer kräftiger meiner Zunge entgegen, um sie noch tiefer spüren zu können. Genauso abrupt wie ihre Chefin lässt auch sie von mir ab.

Mit erotisch tiefer Stimme flüstert sie mir ins Ohr,

»Ich möchte, dass du mich jetzt vögelst. Nimm mich hart von hinten. Ich mag es, wenn mich ein harter Schwanz fickt. Spritz aber bitte nicht in meine Muschi. Sich hier im Flieger wieder sauber zu machen ist schwierig und wenn mir dein Liebessaft am Bein herunterläuft, könnten Passagiere ein wenig irritiert sein.«

Mit einem Lächeln auf den Lippen fügt sie noch hinzu: »Außerdem will ich dich schmecken und dir deinen Schwanz leer saugen, wenn er mich gevögelt hat.«

Ohne ein weiteres Wort dreht sie sich um und beugt sich ganz langsam nach vorn. Ihr nackter Hintern kommt mir immer mehr entgegen und ihre von meiner Zunge nass geleckte Spalte öffnet sich und zeigt ihr rosafarbenes Inneres. Eine nasse willige Muschi, die gevögelt werden will.

Mein Schwanz ist schon beim Lecken der Muschi steinhart geworden und ich brauche nicht lange, um ihm die Freiheit zu geben.

Ein letzter Blick zu dem Vorhang und der Tür zum Cockpit und dann habe ich nur noch Augen für den geilen Hintern, der sich mir entgegenstreckt.

Ich nehme meinen steifen Schwanz in die Hand und lasse ihn einmal durch die Nässe der Schamlippen gleiten, um ihn danach mit einem langsamen, aber kräftigen Stoß in die Tiefen ihrer Muschi zu schieben.

Ein unterdrücktes Stöhnen kommt aus ihrer Kehle und um die Vorarbeit mit meiner Zunge nicht ganz abklingen zu lassen, bewege ich meinen Schwanz sofort weiter in ihr. Harte tiefe Stöße werden nur von den strammen Backen ihres Hinterns abgefedert, den ich mit beiden Händen immer wieder zu mir heranziehe.

Es dauert nicht lange, bis ich das Zusammenziehen ihrer Muschi spüre, welches den Orgasmus einer Frau ankündigt. Ich höre von ihr nur ein dumpfes Keuchen, denn sie presst sich mit aller Kraft den Ärmel ihrer Uniform vor den Mund, um nicht laut aufzuschreien.

Noch ein paar letzte kräftige Stöße, sie zittert am ganzen Körper und ich fühle ihren Höhepunkt. Aber ich fühle auch noch etwas ganz anderes. Mein Unterleib brodelt und mein Liebessaft steigt kochend in mir auf. Schnell ziehe ich meinen harten Ständer aus den heißen Lippen ihrer Muschi, um nicht doch in ihren Tiefen abzuspritzen.

Auf wackeligen Beinen und mit hochrotem Gesicht steht sie vor mir, nachdem sie sich umgedreht hat.

»Süßer, so bin ich schon lange nicht mehr gefickt worden. Lass mich einen Moment zu Atem kommen und dann, mein geiler Hengst, bist du dran.«

Ihre Worte sind durch ihr heftiges Atmen noch nicht flüssig, aber ich freu mich drauf, wenn sie sie in die Tat umsetzt.

Ich setze mich wieder hin und beobachte sie. Langsam wird die Farbe in ihrem Gesicht wieder heller. Sie streicht ihren Uniformrock glatt, nachdem sie ihn über den strammen Hintern und die geil angeschwollene nackte Muschi gezogen hat.

Mein Schwanz fängt langsam an, an Härte zu verlieren und sinkt herab.

Mit einem Augenzwinkern schaut sie ihm dabei zu.

»Nein mein Bester, so nicht.«

Mit diesen Worten kniet sie sich zwischen meine Beine und ihre Lippen schließen sich um die dunkelrote Eichel.

Was dann passiert, ist nur mit einem Wort zu beschreiben.

Geil!

Eine ihrer Hände knetet vorsichtig meine Bällchen und die zweite wichst meinen harten Stab, während ihre warmen feuchten Lippen immer wieder über die empfindliche Kante meiner Eichel gleiten.

Ich war eben schon fast so weit abzuspritzen und deswegen dauert es auch leider nicht lange, bis ich wieder diese Hitze in mir spüre.

Ich schließe meine Augen, um den Moment noch intensiverer auskosten zu können, und es spritzt in Wellen aus meinem steifen Schwanz heraus.

Gierig saugt sie weiter, um auch noch den letzten Tropfen aus mir herauszuholen.

Erst als ich das Reizen fast nicht mehr ertragen kann und ihre immer noch reibende Hand festhalte, lässt sie von mir ab.

Langsam hebt sie ihren Kopf und lächelt mich an.

»Hab ich dir zu viel versprochen?«

Während sie dies sagt, leckt sie sich genießerisch über ihre Lippen.

»Nein, du scharfer Engel, hast du nicht. Dein Versprechen hast du gehalten und wie. Ich gebe das Kompliment gern zurück. So geil ist mein bestes Stück lange nicht geblasen worden.«

»Ich muss wieder raus und nach den Passagieren sehen. Außerdem will meine Chefin genau wissen, wie es mir ergangen ist und wie du schmeckst.«

Auch sie wartet, bis ich mich wieder angezogen habe, und verschwindet dann hinter dem Vorhang.

Über den Lautsprecher kommt die Ansage zur Landung und danach geht alles sehr schnell.

Da ich der Letzte bin, der das Flugzeug verlässt, habe ich noch einen Moment mit den beiden allein.

Mit einem Kuss für jede von ihnen und einem liebevollen Streicheln über die knackigen Hinterteile verabschiede ich mich und drehe mich um.

Gleichzeitig trifft mein Hinterteil ein Klaps auf jede Seite.

Ich drehe mich noch einmal um und sehe in befriedigt lächelnde Gesichter.

Als wenn sie es geübt hätten, kommt gleichzeitig von ihren Lippen,

»Flieg mal wieder mit uns und du wirst es nicht bereuen!«

27. FrüchteTraum

Du liegst neben mir und deine Augen sind noch geschlossen. Leise höre ich dich im Schlaf atmen. Es ist noch früh am Morgen, aber ich bin schon wach und schon wieder scharf auf dich.

Der Sex am gestrigen Abend war geil, aber ich könnte dich schon wieder vernaschen.

Vorsicht hebe ich deine Bettdecke an und schaue auf deinen nackten Körper.

Schlank und ruhig liegt er vor mir.

Die dunkelroten Nippel deiner kleinen Brüste schlafen noch genauso wie du. Sie werden so herrlich hart in meinem Mund, wenn ich an ihnen sauge und knabbere.

Mein Blick schweift über den flachen Bauch nach unten und erst die kleinen geschlossenen Lippen deiner Muschi stoppen ihn.

Unschuldig liegen sie da, als wenn sie nichts tun könnten. Dabei sind sie so geil und heiß, wenn sie meinen harten Schwanz umschließen.

Und erst die Tiefen hinter ihnen. Eng und feucht ist das Gefühl, wenn ich mich in dir bewege. Noch schöner der Moment, in dem sich unsere Liebessäfte mischen. Glitschig warm wird dann das Gleiten in dir und so unglaublich intensiv.

All das geht mir durch den Kopf, während ich so an dir herabsehe.

Ich brauche gar nicht hinzusehen, um zu wissen, dass mein Prachtstück längst nicht mehr schläft. Eine meiner Hände gleitet unter meine Decke und ein sanfter Griff an ihn bestätigt es mir. Meine glatt rasierten Bällchen liegen weich in meiner Hand, während ich ein wenig mit ihnen spiele und sie sanft kneten. Ein paarmal streichele ich über den harten Schaft und an der empfindlichen Kante der prallen Eichel.

Mein Verlangen nach dir, deinem Körper und vor allem nach deiner geilen Muschi wächst in gleichem Maß wie mein Schwanz.

Was mach ich nur mit dir? Aufwecken, um mein Verlangen zu stillen? Oder meinen Prachtständer einfach zwischen diese süßen Lippen schieben, um dich so zu wecken. Wach streicheln und dabei die kleinen Nippel hart werden lassen und dann mit dir schlafen?

Alles gute Ideen, aber irgendwie ist mir nach etwas Besonderem.

Vorsichtig decke ich dich wieder zu und stehe ganz leise auf, um dich noch nicht zu wecken.

Mein erster Gang ist ins Bad und unter der Dusche reift eine Idee.

Sex ist wie Kochen. Auf die Zutaten kommt es an.

Nachdem ich mich frisch gemacht habe, gehe ich in die Küche und suche nach den Menüzutaten.

Frische Erdbeeren, gestern geerntete Weintrauben, Sprühsahne aus dem Kühlschrank, ein paar Eiswürfel und den Prosecco, der von gestern noch übrig ist.

Mein Blick fällt auf die Obstschale, die unten im Kühlschrank ist. Möhre und Gurke liegen friedlich nebeneinander.

Ein Lächeln umspielt meine Lippen. Brauche ich eins von beidem? Warum nicht? Mitnehmen kann ich sie ja. Eine große Orange findet den Weg ins Körbchen. Ich wasche alle Zutaten sehr sorgfältig und tupfe alles trocken.

Leise gehe ich wieder nach oben und öffne die Schlafzimmertür. Du schläfst noch und hast dich auf den Rücken gedreht.

Perfekt!

Etwas habe ich noch vergessen. Ein Griff in meine Nachttischschublade und ich habe, was ich brauche.

Ganz vorsichtig hebe ich deine Decke an und entferne sie ganz langsam.

Ich möchte, dass du noch schläfst, wenn ich anfange, das Menü zu bereiten.

Du liegst nackt vor mir und dein Atem geht langsam und regelmäßig.

Als Erstes benutze ich das Teil, welches im Nachttisch geschlummert hat. Ich lege die seidenweiche Augenbinde über dein Gesicht.

Das Schütteln der Sprühsahne habe ich vorher schon erledigt und nun kommt sie zum Einsatz. Ein schaumiger Kreis auf die erste Brust und in der Mitte eine dunkelrote Erdbeere als Verzierung.

Die Sahne ist so kalt, dass der Nippel in der Mitte sofort hart steht und die Beere herunterfällt.

Du regst dich und willst deine Arme heben. Sanfter Druck von mir und sie bleiben beide auf der Matratze liegen. Auch die Augenbinde befestige ich nun richtig, damit sie nicht verrutscht.

Etwas mehr Sahne auf die erste Brust und die Erdbeere bleibt da, wo ich sie haben möchte.

Um alles an dir auf die Kühle vorzubereiten nehme ich einen Eiswürfel und gleite damit über die zweite Brust und über deinen Körper.

Sofort bildet sich eine Gänsehaut an deinem ganzen Körper und der zweite Nippel steht wunderschön steif in der Mitte deiner Brust.

Du bleibst ganz ruhig liegen und lässt den Koch sein Werk fortführen.

Auf der zweiten Brust thront sehr bald genau in der Mitte eine Weintraube auf einem weißen Sahnehäubchen.

Ich trete einen Schritt zurück und schaue mir mein Werk an. Nicht symmetrisch, entweder Traube oder Beere!

Die Traube muss weg und ich kann gar nicht anders, als sie mit meinen Lippen aufzusaugen. Sofort ersetze ich sie, aber diesmal mit einer Erdbeere. Nun passt die Optik.

Der süße Geschmack nach Sahne und die Weintraube in meinem Mund bringen mich auf eine Idee. Ich küsse dich ganz sanft auf deine Lippen. Sie öffnen sich und ich gebe dir mit meiner Zunge die Traube. Etwas Sahne auf deine Lippen dazu und als deine Zunge zwischen ihnen erscheint, lecke ich ganz sanft darüber.

Nun kannst du ahnen, was ich mit dir vorhabe, denn sehen sollst du es erst, wenn ich fertig bin.

Mit der Sahne sprühe ich kleine Muster auf deinen Körper und setze immer wieder eine Frucht hinein.

Auch für die Weintraube habe ich einen Platz gefunden.

Langsam lasse ich etwas Prosecco in die kleine Kuhle an deinem Hals laufen. Er prickelt und deine Gänsehaut verstärkt sich noch. Tropfen für Tropfen schütte ich nach und der Sekt sucht sich seinen Weg zwischen deinen Brüsten hindurch bis hin zum Bauchnabel. Ein wenig der Sahne nimmt er mit auf seinem Weg und es ergibt sich ein schönes Muster. Genau dort will ich den Prosecco haben und erst, als der vollgelaufen ist, höre ich auf und setzte die Traube hinein.

Nun bleibt dem Koch nur noch das i-Tüpfelchen.

Noch liegen deine Beine eng zusammen, aber ein sanfter Druck auf die Innenseiten und du öffnest sie für mich.

Du spreizt sie langsam, so weit es geht, und ermöglichst mir den Blick auf deine sich genauso langsam öffnenden Schamlippen.

Wie ein rosafarbener Schmetterling liegt dein süßes Pfläumchen nun vor mir und glänzt ganz leicht.

Alles, was ich bisher mit dir getan habe, hat also seine Wirkung nicht verfehlt.

Du bist genauso heiß und geil wie ich und sicherlich gespannt darauf, was ich mit dem glänzenden Schmetterling tun werde.

Als Erstes und da kann ich gar nicht anders, möchte ich deinen unverfälschten Geschmack auf meiner Zunge erleben und lecke ganz langsam und sanft über die rosa Lippen. Sofort ist er da. Wie eine kleine Explosion breitet sich dein heißer Geschmack auf meiner Zunge aus und ich wiederhole das Lecken noch ein paar Mal.

Um dich ein wenig abzukühlen, nehme ich wieder einen Eiswürfel und streiche damit genau über deinen harten Kitzler.

Dein Körper zuckt zusammen und da ist sie wieder, die Gänsehaut. Aber diesmal nicht nur wegen der Kälte, sondern sicherlich auch, weil es dich unglaublich scharfmacht, was ich mit dir tue.

Ein kurzes Drücken auf das Ventil der Sahnedose und eine weiße Schicht bedeckt den Schmetterling.

Einmal noch lecken. Der süße Geschmack der Sahne mischt sich mit deinem.

Eine geile Mischung.

Sofort ersetze ich die fehlende Sahne durch neue.

Da kommt mir das letzte Utensil in den Sinn, welches ich mitgebracht habe. Ein Griff in das Körbchen und sie liegt groß und hart in meiner Hand.

Soll ich?

Nein! Es wäre eine Schande, es nicht selbst zu tun. Ich lege sie wieder zurück und an ihrer Stelle ziert die letzte und größte Erdbeere deine Muschi.

Ich trete wieder einen Schritt zurück, um mein Menü zu begutachten.

Es ist gelungen und ein Bild zum Geilwerden, wenn ich es nicht schon wäre.

Aber auch du sollst später sehen, wie das Menü ausgesehen hat, welches ich gezaubert habe.

Ich nehme die Kamera und der Verschluss klickt im Sekundentakt.

Noch einen Moment genieße ich den Blick, der sich mir bietet, und dann knie ich mich zwischen deine weit gespreizten Schenkel. Der letzte Rest aus der Sahnedose findet den Weg auf meinen Schwanz.

Ich nehme die große Erdbeere von deiner Muschi, um Platz für meinen Schwanz zu machen. Ich beiße die Hälfte ab und stecke dir die andere Hälfte in den Mund.

Langsam beuge ich mich über dich und komme dir mit meinem Körper immer näher. Ich spüre, wie die Haare meiner Brust sich langsam in die Sahnehäubchen auf deinem Körper senken. Mit einem langsamen und ganz sanften Stoß gleitet mein Schwanz in dem Moment in dich hinein, in dem ich ganz auf dir liege.

Ich bewege meinen Oberkörper vorsichtig hin und her und die süße weiße Schicht verteilt sich zwischen uns. Deine Arme greifen um mich herum und ziehen mich ganz zu dir heran.

Meine Bewegungen in dir werden immer schneller und die Sahne macht das Gleiten so leicht.

Unseren Orgasmus erleben wir gemeinsam, nachdem ich dein sahniges Pfläumchen mit weiteren Stößen zum Höhepunkt gevögelt habe und meinen heißen Liebessaft in dich gespritzt habe.

Du nimmst die Augenbinde ab und erst jetzt sprichst du die ersten Worte an diesem Morgen.

»Ich möchte deine Zuckerstange abschlecken. Gib sie mir bitte.«

Den Gefallen tue ich dir gern und wir wechseln die Plätze. Ich lege mich hin und du kniest dich verkehrt herum auf mich.

Deine Lippen schließen sich sofort um den noch harten Schwanz und befreien ihn von dem Gemisch aus Sahne und uns. Zärtlich fährt deine Zunge über den ganzen Schaft und meine Eichel. Auch meine Bällchen werden liebevoll von deiner Zunge sauber geleckt.

Ich tue nichts lieber als dasselbe mir dir. Meine Zunge fährt wieder durch deine offene nasse Muschi und du schmeckst völlig anders als sonst. Süß und geil nach uns beiden.

Kochen ist wie Sex. Auf die Zutaten kommt es an.

28. FKK-Traum

Die Sonne lacht und keine Wolke am Himmel stört ihre wärmenden Strahlen. Der gestrige Abend im Klub war lang und wir können uns nur langsam aufraffen.

Wir schauen uns an und wie aus einem Mund kommt gleichzeitig: »Strandtag.«

Nach einem Kaffee ist die Tasche schnell gepackt und schon sind wir auf dem Weg.

»Zu unserem Hausstrand?«

»Nein, ich würde gern heute ganz ohne Klamotten sonnen und baden. FKK-Strand okay für dich?«

Deine leuchtenden Augen ersparen dir die Antwort.

Also ab ins Auto, denn der Strand ist abseits gelegen und zum Laufen haben wir keine Lust.

Angekommen suchen wir uns ein Plätzchen weit abseits, um auch später Ruhe zu haben, wenn es voller wird. Im Moment sind wir ganz allein und weitere Sonnenanbeter erst in sehr weiter Entfernung zu sehen.

Die wenigen Sachen, die ich anhabe, sind schnell von meinem Körper verschwunden. Ich stehe nackt da und schaue dir beim Ausziehen zu. Fast so schnell wie bei mir liegen deine Sachen ordentlich gefaltet auf der Liege.

Eincremen!

Bei der mittlerweile gnadenlos strahlenden Sonne ein Muss und eine Leidenschaft, die du immer wieder gern auslebst, und ich stelle mich dir gern zur Verfügung, denn die gleitenden Hände an meinem Body genieße ich jedes Mal.

Die weiße Milch lässt sich nur schwer in meinen Haaren verteilen, aber du gibst nicht auf.

Ein kurzer Blick in die Runde und schon liegt mein bestes Stück in deinen Händen. Mit sanften Bewegungen verreibst du auch auf ihm die Sonnencreme.

Mit breitem Lächeln siehst du, wie er sich langsam aufrichtet.

Auch die Bällchen bekommen eine ordentliche Portion Creme und nach kürzester Zeit stehe ich mitten am Strand mit einem prächtigen Ständer vor dir.

Ein paar schnelle Bewegungen deiner Hand den Schaft entlang und mein Schwanz steht wie eine Eins.

Niemand in unserer Nähe hat uns beobachtet, aber ich setze mich trotzdem auf die Liege, um nicht aufzufallen.

Nun bin ich dran, und die Revanche wird meine sein.

Dein Rücken, deine Arme und Beine sind schnell erledigt und ich nehme mir Zeit für den kleinen knackigen Hintern. Mit festen Druck werden die sexy Backen mit Creme massiert und immer wieder gibt es einen leichten Klaps auf beide Hälften.

»Umdrehen.«

Deine Vorderseite bietet meinen Händen wunderbare Stellen und mit sanften Bewegungen streichele ich die Creme auf deine Brüste.

Die kleinen Nippel stellen sich bei der Brustmassage sofort hart auf und ein vorsichtiger Kniff in beide lässt dir einen Schauer durch den Körper ziehen.

Über den flachen Bauch hinabcremen bis hin zu meinem eigentlichen Ziel. Sanft lasse ich eine Hand über die geschlossenen Lippen deiner Muschi gleiten. Noch mal ein wenig Sonnenmilch in die Hand und mit sanftem Druck massiere ich deine Schamlippen. Langsam spreizen sich deine Schenkel und meine Hand gleitet dazwischen und öffnet deine geschlossene Muschel. Mit etwas mehr Druck gleitet meine Hand darüber und teilt so die mittlerweile geschmeidigen Lippen.

Ich lasse, nicht ohne mich vorher noch einmal umgesehen zu haben, einen Finger tief in dich hineingleiten. Deine Augen sind geschlossen und ich höre ein leises, aber genussvolles Stöhnen aus deinem Mund. Ich wusste es, du bist feucht und sicherlich auch ein wenig geil.

Noch ein wenig Sonnenmilch und ein zweiter Finger können den Eingang zu deiner Liebeshöhle spielend leicht ein wenig weiten. Es klatscht ganz leise, wenn meine Handfläche immer wieder auf die heißen Lippen trifft, während beide Finger tief in dich eintauchen.

Genauso wie die Lippen treffe ich auch jedes Mal den kleinen, aber mittlerweile harten Kitzler, und ich brauche nicht lange, um es deinem Körper anzusehen, dass ich genau das Richtige tue.

Deine Augen bleiben weiterhin geschlossen, aber dein Atem geht stoßweise. Am Zusammenziehen der Muskeln in deiner Muschi spüre ich deinen kommenden Orgasmus.

Kein Ton dringt über deine Lippen, aber ich weiß, wie gern du deine Geilheit herausschreien würdest. Als sich dein Körper nach dem Orgasmus wieder entspannt hat, ziehe ich beide Finger langsam aus deinen nassen Lippen heraus.

»Ich glaube, jetzt ist das Pfläumchen gut genug gegen die Sonnenstrahlen geschützt.«

Mit diesen Worten und einem letzten Klaps auf die offenen Lippen lasse ich von dir ab.

Deine Augen öffnen sich und dein Blick senkt sich sofort hin zu meinem harten Ständer.

»Wie gern würde ich den jetzt in mir spüren, während er meine Muschi vögelt.«

»Das, mein Schatz, geht hier leider nicht.«

Aber da sollte ich mich geirrt haben.

Wir strecken uns beide auf den Liegen aus und lassen uns von den heißen Strahlen der Sonne verwöhnen. Der Schirm, den wir mitgebracht haben, schützt uns vor dem Verbrennen.

Ich werde von einer Stimme geweckt, die mir eine Massage anbietet. Verschlafen schüttele ich den Kopf und ein Blick auf meine Uhr zeigt mir, dass ich weit über eine Stunde tief und fest geschlafen habe. Ein Blick zu dir, aber du atmest noch ganz ruhig, denn du bist genauso eingenickt wie ich.

Langsam werde ich wach, richte mich auf und schaue mich um. Was ich sehe, kann ich nur mit ungläubigen, aber umso faszinierterem Staunen begreifen.

Rund um uns herum hat sich der Strand gefüllt. Alle sind genauso nackt wie wir, aber das, was sie tun, ist es, was mich so ungläubig schauen lässt.

Völlig ungeniert krault die Frau des Pärchens direkt neben uns ihren Partner zwischen seinen Beinen. Immer wieder fährt ihre Hand über seinen Schwanz und spielt mit seinen Eiern.

Ich schaue ein wenig weiter und werde Zeuge, wie ein steifer Schwanz liebevoll von den Lippen einer Frau geblasen wird.

Ihre Hände reiben immer wieder an dem langen Schaft entlang, während ihre Zunge feucht um seine pralle Eichel leckt.

Trotz des Wellenrauschens glaube ich ein leises Stöhnen zu hören, als er seinen Saft zwischen ihre Lippen spritzt. Ihre Zunge leckt weiter an seinem Schwanz entlang, um sich keinen Tropfen entgehen zu lassen.

Wenige Meter weiter hat es sich eine langbeinige sexy Blondine auf ihrer Liege bequem gemacht und hält ihre weit gespreizten Beine mit beiden Händen fest. Vor der Liege kniet ihr muskelbepackter tätowierter Freund und hat seinen Kopf zwischen ihren Schenkeln. Mit beiden Händen hat er ihre Muschi geöffnet, sodass das rosa Innere bis zu mir hin leuchtet. Immer wieder leckt er durch die weit geöffnete Spalte und jedes Mal, wenn er ihren Kitzler trifft, zuckt ihr Körper zusammen und ihr leises Stöhnen zeugt von dem Genuss, den ihr seine Zunge bringt.

Schon vom Zusehen werde ich scharf und schaue auf deinen schlafenden Körper. Du liegst mit leicht gespreizten Beinen da und die Lippen deiner süßen Muschi sind ganz leicht geöffnet.

Ob ich wohl auch? Warum nicht!

Rund um mich herum ist Sex kein Tabu, also wird sich niemand wundern, wenn ich dich mit meiner Zunge wach lecke.

Ich beuge mich über dich, und meine Zunge fährt tief durch die von der Sonne heißen Schamlippen. Du bist sofort wach und fährst erschrocken hoch.

»Was tust du da?«

»Wonach fühlt es sich denn an?«

»Du kannst mir doch nicht mitten am Strand, bei all den Menschen, meine Muschi lecken. Nicht dass ich es nicht will, aber …«

Deine Stimme stockt, denn auch du hast dich aufgesetzt und dich umgesehen. Du bist genauso erstaunt, wie ich es war, als ich wach wurde.

Dein Blick geht in die Runde und bleibt wieder bei mir stehen.

»Wo sind wir denn hier gestrandet?«

»Ich weiß es auch nicht. Als ich wach wurde, ging es mir wie dir und allein das Zusehen hat mich heiß auf dich gemacht und deine Muschi sah so einladend aus.«

Dein Blick senkt sich zwischen meine Beine und ein Lächeln erobert deine Lippen.

Das Zuschauen bei den anderen und das kurze Lecken durch dein Pfläumchen sind an mir nicht spurlos vorüber gegangen und das sieht man auch.

»Der steht ja wie eine Eins.«

»Stimmt und ich hatte kurz überlegt, ob ich ihn dir zum Wecken nicht in dein süßes Pfläumchen schieben soll.«

In dem Moment werden wir von der Stimme, die mich vorhin geweckt hat, gestört.

»Massage. Massage, all in?«

Direkt hinter uns fragt sie einen Herrn, der allein auf seiner Liege liegt und seine Umgebung beobachtet. Er nickt und die beiden einigen sich nach etwas Feilschen um den Preis, auf »All in«.

Wir beide sehen uns an und können gar nicht anders, als zuzuschauen, was jetzt passiert.

Nicht nur wir beide machen es uns auf unserer Liege gemütlich und schauen zu. Rund um uns herum achten nun die meisten auf das Tun der Masseurin.

Ganz klassisch fängt sie oben am Rücken an und ihre eingeölten Hände arbeiten sich durch die Muskulatur bis hinunter zu den Fußsohlen. Etwas mehr Aufmerksamkeit als normal widmet sie dem Hinterteil des Herrn und eine Hand gleitet dabei immer wieder zwischen seine Schenkel. Ihr Kommando zum Umdrehen wird sofort befolgt und der Erfolg ihrer Arbeit ist schon leicht sichtbar.

Auch nun beginnt sie am Kopf und arbeitet sich abwärts, allerdings, ohne sich um den halb erigierten Schwanz des Herrn zu kümmern. Erst als sie wieder an den Füßen angekommen ist, richtet sie ihren Blick darauf und wir Zuschauer erfahren, was »All in« bedeutet.

Neues Öl macht ihre Hände noch geschmeidiger und eine große Portion verteilt sie auf seinem Schwanz. Immer wieder gleitet sein praller Sack durch ihre Hände und sie knetet seine Eier. Mit der zweiten Hand beginnt sie langsam, aber mit viel Druck seinen Schwanz zu massieren. Es dauert nicht lange, und das Ergebnis ihrer Arbeit ist ein harter Ständer. Immer schneller werden ihre reibenden Bewegungen und auch seine Eier werden immer kräftiger geknetet. Mit geschlossenen Augen liegt er da und ein nicht zu überhörendes Stöhnen kommt aus seinem Mund. Die wichsenden Bewegungen an seinem Schwanz sind mittlerweile so schnell, dass ihre Hand kaum noch zu erkennen ist und sie ist dazu übergegangen seine Eier mit sanften Schlägen zu behandeln.

Mit einem letzten lauten Stöhnen spritzt es in hohem Bogen aus dem steifen Schwanz heraus auf den heißen Sand.

Schwer atmend liegt er da und nach einer Pause, in der sie ihn mit Tüchern vom Öl von den Resten seines Safts befreit hat, wechseln ein paar Scheine den Besitzer.

Die Masseurin wendet sich mit einem Lächeln ab und sucht ihren nächsten Kunden.

In nächster Nähe wird es ihr schwer fallen, jemand zu finden, denn vom Zusehen sind alle rundherum so aufgegeilt, dass sie sich ihrem Partner zugewendet haben.

Der tätowierte Muskelmann hat seinen Schwanz tief in der Blondine und vögelt sie mit kräftigen Stößen, bis sie uns mit einem leisen Schrei an ihrem Orgasmus teilhaben lässt.

Auch die Frau, die ihrem Partner so liebevoll den Schwanz geblasen hat, fordert nun ihr Recht. Sie kniet im Sand und hat ihren Hintern nach oben gestreckt. Ihre Brüste schwingen im Takt der Stöße, mit der ihr Partner sie von hinten nimmt.

Während all der Beobachtungen ist mein Schwanz steinhart geworden und mein Blick fängt deinen auf.

»Ich möchte auch so genommen werden. Dein kurzes Lecken an meiner Muschi und das Vögeln rund um uns herum, haben mich so richtig geil gemacht. Fick mich bitte jetzt und hier!«

Ich stehe auf und stelle mich breitbeinig über deine Liege. Mein Blick ist nach unten auf deinen knackigen Hintern gerichtet, denn du liegst immer noch auf dem Bauch und beobachtest die anderen Pärchen beim Vögeln.

Deine Schenkel öffnen sich ein wenig und dein kleiner sexy Arsch kommt mir noch ein bisschen entgegen. Ich verteile Sonnenmilch auf meinem harten Ständer und meine pralle dunkelrote Eichel zielt genau auf die nass glänzenden Lippen deines Liebesnests.

Ich gehe ein wenig in die Knie und gleite mit einer vorsichtigen Bewegung tief in dich hinein.

Ich weiß, dass du diese Stellung liebst und ich dich so sehr schnell zum Orgasmus vögeln kann. Die Freude, dir mehr, als einen Höhepunkt zu bescheren, ist ganz meins und so spüre ich immer wieder das Zusammenziehen der Muskulatur in deinem Pfläumchen, während mein harter Schwanz immer wieder tief in dich eintaucht.

Du hast durch unser Umfeld bedingt keine Hemmungen, deine Geilheit kundzutun, und so entweicht dir mehr als nur ein leises Stöhnen bei jedem deiner Orgasmen.

Ich spüre es auch schon langsam in mir brodeln, aber meinen heißen Saft in dich hineinzuspritzen, danach ist mir heute nicht. Mir steht der Sinn nach einer ganz anderen, aber für mich genauso geilen Art zu kommen.

Zu erregend war es, mit anzusehen, wie sich die Lippen der Frau neben uns um die Eichel ihres Partners schlossen und sie seinen Schwanz liebevoll mit ihrer Zunge verwöhnt hat, bis er abspritzte.

Ich entziehe mich dir langsam und schaue dabei zu, wie sich die nassen Lippen deiner Muschi hinter meinem harten Schwanz wieder schließen, nachdem meine pralle Eichel sie noch einmal sanft geweitet hat.

Dein fragender Blick, den du mir zuwirfst, nachdem du dich unter mir umgedreht hast, beantworte ich nur mit einem Lächeln und einem Blick auf den harten Ständer zwischen meinen Schenkeln.

In dem Moment hast du verstanden, was ich mir von dir wünsche. Du setzt dich auf und deine Hände greifen nach der Sonnenmilch.

Du hast bei der Masseurin anscheinend genau hingesehen. Kräftiger Druck von einer Hand an meinen kochenden Bällchen und immer wieder das flutschende Gefühl, wenn du sie durch deine Finger gleiten lässt, erzeugen einen geilen Schmerz, der durch den ganzen Körper zieht. Deine zweite Hand hat sich fest um den Schaft meines noch von dir nassen Schwanzes gelegt. Deine Lippen nähern sich langsam der dunkelroten Spitze und deine Zunge umkreist den empfindlichen Ring meiner Eichel.

Deine Lippen öffnen sich weit, nehmen mich feucht in sich auf und schmiegen sich fest um den steifen Schaft.

Ich schaue dir die ganze Zeit dabei zu und sehe nun meinen Schwanz zwischen deinen Lippen gleiten, während du mit deiner von der Sonnenmilch glitschigen Hand langsam anfängst, den harten Schaft zu reiben.

Das ist der Moment, in dem ich meine Augen schließe und alles um mich herum vergesse. Nur dem Gefühl hingeben und genießen.

Ich war eben schon so unglaublich geil und kurz davor, in dir zu kommen, und so dauert es nicht lange, bis ich wieder dieses brodelnde Gefühl in mir spüre.

Auch du merkst es, denn kurz vor dem Abspritzten wird mein Schwanz immer noch ein wenig härter, als er eh schon ist.

Immer schneller werden die Handbewegungen und ich kann und will es nicht mehr aufhalten.

Mit irrem Druck und in lang anhaltenden Wellen spritzt mein heißer Saft aus mir heraus.

Mit zitternden Beinen stehe ich vor dir und öffne meine Augen, um dir dabei zuzusehen, wie deine Zunge über die ganze Länge meines zuckenden Schwanzes leckt.

Dieses sanfte Gefühl ist der krönende Abschluss dieses Höhepunkts und ich genieße es in vollen Zügen.

Erst jetzt kommt mir der Ort, an dem wir sind, wieder in den Sinn und ich schaue mich um. Auch wir wurden von den Pärchen um uns herum beobachtet und wissendes Lächeln liegt auf ihren Lippen, während sie uns zunicken.

Mit immer noch zitternden Beinen sinke ich auf meine Liege und schaue zu dir hinüber.

»Diesen Strand sollten wir uns merken.«

Ich nicke nur leicht, und wir beide wissen, dass wir wiederkommen werden.

29. SwingTraum

Sommer, Sonne, Strand und Meer, was will man mehr. Die schönsten Wochen des Jahres in vollen Zügen genießen, darum sind wir hier und bisher haben wir alles richtig gemacht. Unser Appartement ist zwar keine Luxusklasse aber okay, denn wir sind sowieso den ganzen Tag unterwegs. Die Sonne strahlt vom wolkenlosen Himmel und das Meer ist herrlich zum Schwimmen. Unser Strandtag neigt sich langsam dem Ende zu und heute Abend sind wir in einem Klubhotel der Luxusklasse eingeladen. Galadinner und Party bis in die Nacht mit Feuerwerk.

Also zurück ins Appartement, duschen, frisch machen. In schicke Klamotten gehüllt gehen wir die paar Meter zu dem Hotel zu Fuß, damit keiner von uns mehr fahren muss.

Ein gesicherter Eingangsbereich, damit auch nur geladene oder feste Hotelgäste Zutritt haben. Niemand wird hier mit Sie angesprochen und das ist auch gut so.

Wir kommen passend zum Champagnerempfang, der in der Gartenanlage an dem großen Pool stattfindet. Ein erstes Schauen auf die anderen Gäste. Wir müssen uns nicht verstecken, denn nicht alle sind der Aufforderung zur Abendgarderobe nachgekommen.

Für das männliche Auge aber gibt es mehr als genug zu sehen.

High Heels an schlanken Beinen und dadurch heiß betonte Hinterteile in knappen Minis. Gepuschte und echte Oberweiten mit viel Einblick ins Dekolleté.

Die Herren leider, wie meistens, in dunklen Anzügen und Krawatten. Ich bilde mit meinem lässigen Stil eher eine Ausnahme und werde auch so beobachtet. Langsam löst sich der Start in den Abend auf und alle suchen sich einen Tisch, um das eröffnete Buffet zu stürmen. Es gibt nur runde Tische für acht Personen, denn hier ist alles auf Kennenlernen und Miteinander ausgelegt. Wie finden einen freien Tisch und sind die Ersten, die sich hinsetzen. Kurze Zeit später gesellen sich zwei ältere Paare zu uns und eine leichte Enttäuschung macht sich in mir breit. Ich hatte auf sexy Optik gehofft, denn den Appetit darauf, habe ich mir im Garten geholt. Ich soll aber nicht enttäuscht werden. Als letztes Paar setzt sich ein durchtrainierter Herr in sportlich-eleganter Kleidung mit einer jüngeren Freundin hin. Das eng anliegende schwarze Kleid betont die klasse Figur und wie gewünscht, schlanke nackte Beine, die auf hohen Absätzen stehen. Ein knackiger Po und genau die richtigen Proportionen bei der Oberweite runden den Gesamteindruck mehr als positiv ab.

Mein Blick ist ihr nicht unbemerkt geblieben und mit einem leichten Lächeln, das um ihre vollen Lippen spielt, schaut sie mich an, bevor sie sich mir gegenüber hinsetzt.

Auch du hast den trainierten Body des Herrn mit Blicken abgetastet und das Ergebnis ist nicht negativ für dich, das sehe ich an deinem anerkennenden Blick. Dass es den beiden ganz genauso geht, sollen wir sehr bald erfahren.

Der anfänglich etwas holperige Gesprächsbeginn ändert sich sehr bald. Die Chemie stimmt und nach nur kurzer Zeit werden die Sprüche flotter und zweideutiger. Die älteren Pärchen beteiligen sich allerdings nur sehr wenig am Gespräch.

Unseren ersten Gang an das wunderschön aufgemachte Buffet machen wir gemeinsam. Die Vorspeise war lecker und als ich zum zweiten Mal gehen will, erhebt sich mein Gegenüber gleichzeitig mit mir, und wir gehen gemeinsam, um nach weiteren Leckerbissen zu stöbern. Ich lasse ihr den Vortritt und meine Hand berührt dabei ihre schlanke Hüfte und streicht unabsichtlich über die heißen Rundungen ihres Pos. Keine Kante ist unter dem eng anliegenden Kleid zu spüren. Sie trägt bestimmt genauso wenig einen Slip wie du, oder es ist nur ein hauchdünner String. Der Blick, den sie mir zuwirft, macht sofort Lust auf mehr. Blitzende Augen und eine Zungenspitze, die genießerisch über ihre vollen Lippen leckt. Meine Hand legt sich noch einmal und jetzt mit voller Absicht auf die knackige Rundung und ein sanfter Klaps trifft ihren Hintern, kurz bevor wir wieder am Tisch sind.

Erst als wir wieder sitzen, stehst auch du auf und gehst in Richtung Buffet, dicht gefolgt von dem Partner der schönen jungen Frau. Mein Blick folgt euch und ich sehe, wie sich seine Hand genauso um deine Hüfte legt.

Einen kurzen Augenblick des Erstaunens gönne ich mir, als ein Fuß an meinem Bein entlangstreicht.

Ein kurzer, von niemandem bemerkter Blick unter den Tisch zeigt mir einen der gepflegten nackten Füße meines Gegenübers.

Zehen mit knallrot lackierten Nägeln tasten sich langsam immer höher.

Ich schaue hoch zu ihr und ein fast nicht zu erkennendes Lächeln spielt um ihre roten Lippen.

Von allen unbemerkt legt sich kurz ihr Zeigefinger auf ihre Lippen und ihre Zehen wandern währenddessen suchend immer höher.

Ich rutsche langsam ein wenig tiefer in meinem Stuhl, dem suchenden Fuß entgegen. Sanfter Druck ihrer Zehen zwischen meinen Beinen, nachdem sie ihr Ziel erreicht hat, lässt es in meiner Hose immer enger werden. Lächelnd nimmt sie zur Kenntnis, dass mein bestes Stück härter wird.

Gut, dass ich heute keine enge Jeans anhabe. Die immer kräftiger spielenden Zehen lassen meinen Schwanz zu einem prächtigen Ständer wachsen. Mein bestes Stück fühlt sich in meinem Slip wie in einem Käfig an und der Druck schmerzt schon ein wenig. Deswegen setze ich mich ganz langsam wieder gerade hin und entziehe mich so dem geilen Tun meines Gegenübers, was sie mit einem bedauernden Blick kommentiert.

Ich fühle, wie sich deine Hand auf meinen Oberschenkel legt, und du beugst dich zu mir herüber.

»Na, hat sie dich schön geil gemacht mit dem Spiel ihrem Zehen an deinem Schwanz?«

Du hast es beobachtet, ohne etwas zu sagen, und während die Frage leise in meinem Ohr ankommt, gleitet deine Hand unter der Tischdecke zwischen meine Schenkel und drückt den harten Ständer einmal kräftig.

»Der steht ja wie eine Eins. Hast du Lust auf sie?«

Einer Frau kann ein Mann nichts verbergen. Der letzte Besuch in einem Klub für Paare hat uns offener gemacht, als wir eh schon waren. Anderen beim Vögeln zuzusehen und selbst dabei beobachtet zu werden, war neu, aber eine mächtig geile Erfahrung.

»Sie ist schon eine heiße und anscheinend auch ziemlich geile Frau«, flüstere ich zurück. »Gefällt er dir denn auch?«

»Am Buffet ist er mir schon ziemlich nah gekommen und seine Hände habe meinen Po nicht nur einmal wie zufällig berührt. Aber Zufall war das bestimmt nicht. Und wenn ich ehrlich bin, einen geilen Body hat der Typ ja. Die Vorstellung, in nackt zu sehen, hat mich schon ein bisschen heißgemacht. Fühl mal.«

Ich muss daran denken, dass ich eben genau das Gleiche getan habe, und lache leise, während meine Hand langsam an deinem Schenkel entlanggleitet. Dass du keinen Slip trägst, weiß ich und ich kann die weichen Lippen deiner Muschi spüren, als ich am Ende deiner schlanken Schenkel angekommen bin. Nicht nur weich und warm, sondern auch herrlich feucht, nachdem ich durch die Lippen geglitten bin.

»Selbst scharf wie eine Rasierklinge und da fragst du mich, ob ich geil geworden bin …«

Ich schaue dir in die Augen und sehe das Blitzen in ihnen, welches immer dann da ist, wenn es um Erotik und heißen Sex geht.

»Nur ein Abend, jeder, wie er will, und ohne Eifersucht?«

»Einverstanden, Feuer frei.«

Zusammen gehen wir zum Buffet, um Nachtisch zu holen. Ich lege den Arm über deine Schulter und lasse ihn langsam an deinem Rücken hinunterrutschen. Erst als meine Hand auf deinem knackigen Po liegt, flüsterte ich dir leise etwas ins Ohr.

»Aber heute Nacht will ich diesen geilen Hintern noch nackt vor mir sehen und ich freu mich jetzt schon drauf, dich von hinten zu nehmen, sodass dir Hören und Sehen vergeht.«

»Wehe, du verausgabst dich bei der Dame so, dass du dieses Versprechen nicht hältst.«

Die Zeit zum Essen neigt sich dem Ende zu und alle Gäste strömen an die Bar und danach mit ihren Getränken hinaus ins Freie, wo die Party auf der Tanzfläche langsam in Gang kommt. Auch wir stehen auf und mit unseren neuen Bekannten folgen wir den anderen Gästen. Die beiden gehen vor uns her und so haben wir die Möglichkeit, ihre Körper genau zu studieren. Er mit sportlich federndem Gang und ihre Kurven kann man nur als heiß und sexy bezeichnen. Das erregende Schwingen ihrer Hüften kommt sicher nicht nur von den hohen Schuhen.

Sie spürt sicherlich meinen Blick, der auf den knackigen Hintern gerichtet ist, und genau deshalb lässt sie ihn noch ein wenig mehr schwingen.

Ein Stehtisch neben der Bar ist noch frei und nach dem Holen der Getränke entwickelt sich ein Gespräch, welches bald wieder mit Zweideutigkeiten gespickt ist.

Da wir uns am Tisch noch nicht richtig vorgestellt haben, erfahren wir nun, dass wir es mit Claudia und Tom zu tun haben.

Der Vorschlag von Tom, auf unser Du zu trinken, findet allgemeinen Anklang.

Der fällige Kuss fällt bei dir und Tom genauso aus, wie bei Claudia und mir.

Etwas zu lang und mit der Erwartung nach mehr.

Ihre Zunge, die ich ganz kurz an meinen Lippen spüre, ist warm und fordernd. Nach dem Kuss flüstert sie mir leise ins Ohr: »Ich würde gern mit meiner Zunge den harten Schwanz lecken, den ich eben mit meinen Zehen gespürt habe.«

»Nur wenn ich auch mit meiner durch dein süßes Pfläumchen lecken darf«, ist die Antwort, die ich ihr genauso leise zurückgebe.

Ein Lächeln und ein fast unmerkliches Nicken ist ihre Antwort darauf.

Unser gemeinsames Gespräch am Stehtisch nimmt genau die Wendung, die nach den Küssen zu vermuten war.

Claudia und Tom sind regelmäßig in Klubs unterwegs und machen überhaupt kein Geheimnis daraus, dass es für sie ein besonderer Kick ist, auch mit Fremden zu vögeln, wenn die Chemie stimmt.

Auch wir berichten von den geilen Erfahrungen, die wir bei unserem ersten gemeinsamen Klubbesuch gemacht haben. Die beiden hören uns begeistert zu und werfen sich wissende Blicke zu.

Auch unsere Blicke treffen sich kurz und ohne Worte sind wir uns über den Deal, den wir vorhin am Tisch besprochen haben, immer noch einig.

Die Aufforderung zum Tanzen kommt von Tom und mein Blick folgt euch auf dem Weg zur Tanzfläche. Seine Hand lag schon während des Gesprächs immer wieder auf deiner Hüfte, aber jetzt hat er sie auf deinem knackigen Hintern liegen. Während er immer wieder über deine knackigen Backen streichelt, führt er dich in Richtung Musik.

Es ist einen Moment lang ein komisches Gefühl, dabei zuzusehen, aber wir wollten es so und meine Hand wandert an die gleiche Stelle bei Claudia, während auch wir zwei zur Tanzfläche gehen.

Ihr Po ist klein und fest und ich kann mir einem leichten Klaps auf die strammen Backen nicht verkneifen.

»Da will ich nachher noch mehr von haben und auch gern ein wenig kräftiger.«

Die Musik ist laut und die Bässe hämmern nur so aus den Lautsprechern. Den Bewegungen von Claudias Körper zuzuschauen, ist ein Genuss für die Augen, während ich versuche, mit ihrem Schwung mitzuhalten.

Plötzlich und unerwartet spielt der DJ einen ganz langsamer Song und Claudia schaut mich mit fordernden Blick an. Ich nehme sie in meine Arme und spüre sofort ihre festen Brüste an meinem Oberkörper. Ihr vom Tanzen aufgeheizter Körper schmiegt sich eng an mich, und ich kann gar nicht anders, als meine Hände an ihrem schlanken Körper auf Wanderschaft gehen zu lassen.

Mit meinen Händen streiche ich an ihrem Rücken abwärts, bis beide auf dem knackigen Hintern ankommen. Nichts behindert meine fühlenden Hände. Weder BH noch Slip sind unter dem hautengen Kleid zu spüren. Mit einem Griff an ihren festen Backen ziehe ich sie so eng an mich heran, dass sie meinen langsam immer härter werdenden Ständer an ihrer Muschi fühlen kann.

»Da wird ja etwas immer größer. Macht es dich scharf, mich so zu spüren?«

Wortlos nehme ich eine Hand von ihrem Po weg und streiche zwischen uns über ihren Body. Kleine feste Brüste sind der erste Widerstand, den ich fühle. Hart stehen ihre Nippel und ich kann gar nicht anders, als sie mit einem sanften Kniff zu reizen. Ein kurzes Aufstöhnen und ein Blitzen in ihren Augen ist ihre Antwort darauf, bevor meine Hand über den flachen Bauch bis in ihren Schritt geleitet. Durch den Stoff des das dünnen Kleids hindurch, kann ich ihre Schamlippen spüren. Sie fühlen sich weich und heiß an und jetzt möchte ich wissen, ob ich mit meiner Vermutung recht habe.

Meine Hand gleitet tiefer, bis ich die nackte Haut ihrer Schenkel spüre, und dann ganz langsam wieder nach oben.

Zwischen ihren Schenkeln angekommen spüre ich es und ich hatte recht. Sie trägt genauso wenig einen Slip wie du.

Noch heißer, wunderbar weich und selbst außen an den Lippen schon etwas feucht, spüre ich ihre Muschi zwischen meinen Fingern.

»Wenn du noch einen Augenblick so weitermachst, vernasche ich dich sofort hier auf der Tanzfläche.«

»Ich glaube, dafür sollten wir uns einen etwas einsameren Ort suchen.«

Eine kleine Revanche für die Zehennummer am Tisch kann ich mir aber nicht verkneifen und so fahre ich mit einem Finger kurz, aber tief durch die feuchten Lippen ihrer Muschi. Ein sanfter Druck auf ihren kleinen Kitzler und wiederum stöhnt sie kurz auf.

Ich nehme meine Hand nach oben, um ihren Geruch aufzunehmen und vor ihren Augen lecke ich genießerisch den Finger ab, der eben noch in ihrer Muschi steckte.

Ihre Augen folgen dem Finger, bis er zwischen meinen Lippen verschwunden ist.

»Genauso wird dein bestes Stück gleich zwischen meinen Lippen verschwinden. Ich werde deinen Schwanz saugen, bis dein Liebessaft aus dir herausspritzt.«

Von Claudias heißem Body und ihren Worten völlig abgelenkt, habe ich überhaupt nicht mehr auf dich und Tom geachtet. Mein Blick gleitet suchend über die Tanzfläche, aber ich finde weder dich noch ihn.

Claudia hat meinen suchenden Blick bemerkt.

»Die zwei haben bestimmt schon ein lauschiges Plätzchen gefunden und wie ich meinen Freund kenne, ist er schon dabei, den Körper deiner Süßen zu erkunden.«

Was ihr zwei gemacht habt, nachdem ihr die Tanzfläche verlassen habt, werde ich sicherlich nachher in unserem Appartement erfahren.

Du bist auch nicht mehr da und unser Deal steht, also will ich mich ab jetzt nur noch auf den heißen Körper von Claudia einlassen.

Ich nehme sie an der Hand und wir gehen langsam über das große Grundstück des Klubs, auf der Suche nach einem Platz nur für uns zwei.

»Körper erkunden hört sich richtig gut an.«

»Und ich dachte schon, dass du ewig tanzen willst«, kommt es mit einem zwinkernden Auge von ihr zurück.

Wir sind anscheinend nicht die Einzigen, die auf der Suche nach einem einsamen Plätzchen sind. Wir beobachten im Vorbeigehen mehrere engumschlungene Pärchen, die auf Liegen oder, an Bäume gelehnt, heftig knutschen. Auch leises Stöhnen erklingt immer mal wieder aus nicht einsehbaren und durch Büsche verdeckten Ecken.

»Lass uns an den Strand gehen, hier scheinen viele die gleiche Idee zu haben wie wir.«

Meine Hand liegt schon lange wieder streichelnd auf den knackigen Rundungen ihres heißen Pos und ich schiebe sie sanft in meine gewünschte Richtung.

Der Klub hat einen direkten Strandzugang und meine Gästekarte gewährt uns Auslass.

Das kalte Licht des Mondes und das Funkeln der Sterne sind ein willkommener Unterschied zu der grellen Beleuchtung rund um die Tanzfläche. Das Meer schimmert und rauscht leise, mit jeder Welle, die im Sand versiegt.

Unsere Schuhe in der Hand gehen wie ein ganzes Stück am Wasser entlang und genießen die Ruhe des Moments.

An einer Palme mit mehreren Liegen drumherum übernimmt Claudia die Initiative. Sanft drückt sie mich mit dem Rücken an die Palme und küsst mich leidenschaftlich vom Mund an abwärts.

Ein Knopf meines weißen Hemds nach dem anderen öffnet sich und ich stehe bald mit freiem Oberkörper im warmen Sommernachtswind.

Ein zarter Biss in meine Brustwarzen lässt mir einem Schauer durch meinen Körper ziehen.

»Und jetzt möchte ich mein Versprechen einlösen. Schließ deine Augen und genieße.«

Langsam sinkt sie vor mir auf die Knie. Nur Sekunden später rutscht meine Hose über meine Beine hinab in den Sand. Mein Slip folgt ihr genauso schnell und ich stehe nackt vor ihr, entspannt mit dem Rücken an die Palme gelehnt.

Ihre weichen Lippen umschließen sofort mein bestes Stück und eine Hand greift zwischen meine Schenkel. Während sie meine Eier sanft knetet, wird mein Schwanz zwischen ihren saugenden Lippen immer härter, bis er steinhart und groß zwischen meinen Schenkeln steht.

Ihre Zunge spielt mit meiner Eichel und fährt immer wieder feucht über die ganze Länge meines Ständers bis hinab zu meinen Bällchen.

Als ihre Lippen saugend eins meiner Eier in sich aufnehmen, kann ich ein geiles Stöhnen nicht mehr unterdrücken.

Sie merkt, dass sie damit einen empfindlichen Punkt bei mir gefunden hat, und während ihre Hand nun massierend an meinem harten Schwanz entlanggleitet, spüre ich immer wieder dieses geile Gefühl.

Tief in mir fängt es langsam an zu brodeln und ich merke, dass sich mein Liebessaft den Weg nach draußen suchen will.

Ich versuche, mich ihr zu entziehen, aber sie gibt mir keine Chance, und so lasse ich geschehen, was ich nicht mehr aufhalten kann. Ich spüre noch, wie sich ihre Lippen um meine pralle Eichel legen und sie die massierende Hand ersetzten. Dann gebe ich mich nur noch dem erlösenden Moment des Orgasmus hin.

Ihre fest geschlossenen Lippen reiben noch ein paar Mal über die empfindliche Kante meiner Eichel und mein heißer Saft spritzt aus mir heraus. Ihre Lippen hören nicht auf meinen Schwanz zu reizen, obwohl es fast nicht mehr zum Aushalten ist. Kein Tropfen meines Safts bleibt in mir und erst, als mein Schwanz langsam an Härte verliert, lässt sie ihn mit einem Kuss auf die Eichelspitze aus ihren Lippen gleiten.

Ich ziehe sie sanft zu mir hoch und sehe gerade noch das genießerische Lecken ihre Zunge über ihre Lippen.

»Lecker, mein Süßer. So habe ich es mir vorgestellt, als wir vorhin noch am Tisch saßen und ich deinen großen Schwanz mit meinen Zehen gespürt habe. Jetzt möchte ich, dass du meine Muschi leckst, wie du es mir versprochen hast, und wenn sie schön nass ist, dann fick mich, dass mir Hören und Sehen vergeht.«

Mit diesen Worten fängt sie an, ihr Kleid langsam von ihrem Körper zu ziehen. Kleine feste Brüste sind das Erste, was ich sehe, und ich halte ihre Hände fest.

»Lass mich das bitte tun.«

Mein Wunsch wird erfüllt. Auch ich beginne mit einem Kuss auf ihre Lippen und der Geschmack ihrer Zunge ist noch ein wenig salzig.

Die festen Brüste locken mit kleinen harten Nippeln und mein Mund findet den Weg dorthin, während ich noch in ihre sich langsam schließenden Augen sehe.

Ich revanchiere mich für den Biss vorhin und ihr leises Aufstöhnen zeigt mir, dass auch sie das mag. Langsam gehe ich auf die Knie und nehme ihr Kleid mit, bis es von selbst zu Boden rutscht.

Während ich wie gebannt auf die glänzenden Schamlippen ihrer glatt rasierten Muschi schaue, hebt sie ein Bein nach dem anderen an, sodass ich das bisschen Stoff von ihren Füßen nehmen kann.

Das Kleid landet neben meinen Sachen auf einer Liege, sodass auch sie nackt im Mondlicht vor mir steht.

Ich lehne mich kurz zurück, um den Anblick dieses makellosen Körpers mit seinen perfekten Proportionen zu genießen.

Langsam nähert sich mein Gesicht den zartrosafarbenen Lippen und gierig sauge ich ihren Geruch in mich auf. Lippen treffen sich zu einem ersten vorsichtigen Kuss. Ihr Duft wirkt betörend und erregend auf mich, aber jetzt will ich sie schmecken. Mit meiner Zungenspitze dränge ich ganz sanft zwischen ihre weichen Schamlippen. Sofort spüre ich ihre heiße Feuchtigkeit und der Geschmack ist genau wie vorhin an meinem Finger, nur viel intensiver.

Ein kurzes Spielen mit meiner Zungenspitze an ihrem kleinen Lustknopf lässt sie sanft zittern.

Ich stehe auf, hebe sie hoch und lege sie auf eine der Liegen. Sie hebt ihre schlanken langen Beine an und zieht sie langsam immer weiter zu sich heran, bis sie sie mit ihren Armen umschlingen kann.

Ihr Becken hebt sich dadurch etwas an, gleichzeitig öffnen sich ihre Schamlippen immer weiter und geben ihr feucht glänzendes Inneres preis. Der geile Anblick der sich öffnenden Lippen lässt es zwischen meinen Schenkeln schon wieder härter werden, obwohl ich gerade erst abgespritzt habe und normalerweise eine kleine Pause dazu nötig ist.

Einen Augenblick genieße ich regungslos, was ich sehe, bevor ich mich in den warmen Sand vor die Liege knie. Die Augen geschlossen wartet Claudia auf das, was ich ihr versprochen habe. Versprechen sollte Mann halten und bei dem, was mir hier angebotenen wird, fällt mir das ganz besonders leicht.

Mit beiden Händen öffne ich ihr Liebesnest noch ein wenig weiter und fahre ein erstes Mal mit meiner Zunge über das weiche rosa Innere ihrer Muschi. Eine Geschmacksexplosion trifft meine Zunge und die Weichheit ihrer Muschi ist unbeschreiblich. Immer und immer wieder lecke ich durch ihre feuchte Spalte, über ihre kleine Lustperle oder tauche tief in sie ein.

Das anfänglich kaum bemerkbare Zucken ihres Körpers wird stärker und ihr heftiges Atmen wird immer wieder durch ein leises Stöhnen unterbrochen.

Ab jetzt konzentriere ich mich nur noch auf ihren kleinen Kitzler, der sich meiner Zunge hart entgegenstreckt.

Die Bewegungen meiner Zunge an ihm werden immer schneller und ich spüre, wie sich die Muskulatur ihrer Muschi immer kräftiger zusammenzieht. Ihr Orgasmus ist nicht mehr weit weg und genau dahin will ich sie genauso mit meiner Zunge lecken wie sie mich eben mit ihrer.

Die Bitte, ihr endlich meinen Schwanz zwischen ihre Lippen zu schieben und sie zu vögeln, ignoriere ich vorerst.

Ich möchte sie völlig willenlos und nur ihrer Geilheit ergeben vor mir liegen sehen.

Ein lautes und erlösendes Stöhnen und ein zusätzlicher Schwall Flüssigkeit auf meiner Zunge zeigen mir, dass ich mein Ziel erreicht habe.

Ohne ihr jetzt eine Pause zu gönnen, schiebe ich meinen mittlerweile wieder steinharten Schwanz in die Tiefen ihrer nassen Muschi und fange sofort an, sie mit kräftigen Stößen zu vögeln.

»Schneller! Besorg es mir richtig. Fick mich tief und hart.«

»Ihr Wunsch ist mir Befehl, Madame.«

Mit beiden Händen greife ich an die festen Backen ihres Hinterns und erfülle ihr ihren Wunsch nur zu gern.

Ihrem ersten Orgasmus folgen weitere, während mein Schwanz immer wieder in seiner ganzen Länge in ihr verschwindet.

Ihre kleinen festen Brüste wippen im Takt meiner Stöße mit und ihr Becken kommt mir immer wieder fordernd entgegen.

Mit einem kehligen Schrei und einem Zittern am ganzen Körper kommt sie ein letztes Mal, während ich zum zweiten Mal an diesem Abend meinen Saft mit erlösendem Druck zwischen eins ihrer Lippenpaare spritze.

Ich bleibe tief in ihr einen Moment bewegungslos und genieße meinen eigenen Orgasmus.

Danach gleite ich langsam aus ihr heraus und beobachte, wie ihre Schamlippen meinen Schwanz immer noch festhalten wollen. Nach einem letzten sanften Weiten ihrer Muschi durch meine Eichel, sinke ich schwer atmend in den warmen Sand und schaue ihr dabei zu, wie auch sie sich langsam entspannt. Ihre langen schlanken Beine legen sich zurück auf die Liege und die Lippen ihrer Muschi schließen sich wieder, nachdem ein paar Tropfen unseres gemeinsamen Liebessafts den Weg nach draußen gefunden haben.

Nach gemeinsamen Momenten der Erholung, in denen nur die brechenden Wellen ein Geräusch machen, ziehen wir uns an und machen uns auf den Weg zurück in den Klub. Hier ist die Party in vollem Gang und die Tanzfläche bis auf den letzten Platz gefüllt.

Dich und Tom finden wir an dem Stehtisch stehend, an dem unser gemeinsames Sexabenteuer heute begonnen hat.

Das Gespräch eröffnet Claudia mit den Worten, »Na, ihr zwei Hübschen, habt ihr auch ein lauschiges Plätzchen gefunden?«

Das leichte Rot auf deinen Wangen ist Antwort genug für mich, und ich weiß, dass auch du deinen Spaß gehabt hast.

Toms Antwort lässt nicht lange auf sich warten.

»Nachdem wir über das Klubgelände gewandert sind, mussten wir erkennen, dass wir nicht die Einzigen waren, die Einsamkeit suchten, und so haben uns in unser Hotelzimmer zurückgezogen.«

Jetzt verstehe ich auch deine leicht feuchten Haare. Sie sind nicht vom Baden im Meer, sondern von der Dusche, denn du hast dich sicherlich frisch gemacht nach …

Ja nach was eigentlich? Ob er dich wohl genauso geleckt und gevögelt hat, wie ich eben Claudia? Und hast du ihm vorher auch seinen Schwanz geblasen? Ich werde es vielleicht nachher erfahren, wenn wir zurück in unserem Appartement sind.

Mit einem lüsternen Lächeln auf den Lippen antwortet Claudia. »Da haben wir es netter gehabt. Einsamer Strand, Mondlicht, Wellenrauschen und ein geiler Typ, was will Frau mehr.«

Bei dem Wort »geiler Typ« bin ich sicherlich auch ein wenig rot geworden, denn ich habe dein Lächeln genau gesehen. Also weißt auch du, dass wir nicht nur Händchen gehalten haben.

Über unseren heißen Sex an diesem Abend sprechen wir vier aber nicht. Jeder genießt auf seine Weise, aber wir verabreden uns, wenn wir wieder zu Hause sind, auf ein gemeinsames Date bei den beiden in ihrem Haus.

Der Abend neigt sich dem Ende zu und wir verabschieden uns von den beiden, um in unserem Appartement schlafen zu gehen.

Mit einem Kuss und einem Klaps auf den festen Hintern sage ich Claudia »Gute Nacht« und aus dem Augenwinkel sehe ich, dass es bei Tom und dir ähnlich ist.

In Gedanken und mit wenigen Worten gehen wir die kurze Strecke. Im Appartement angekommen liegst du sofort in meinen Armen und unsere Lippen treffen sich zu einem langen Kuss. »Das Wissen um diesen Abend ist schon ein komisches Gefühl.«

Mit diesen Worten ziehst du dich aus, kniest dich aufs Bett und streckst mir wortlos deinen knackigen Hintern entgegen.

»Das geht mir ganz genauso, aber auf diesen Moment habe ich mich den ganzen Abend gefreut.«

Mit wenigen Handgriffen bin ich nackt und bereit, mein Versprechen vom Nachmittag zu erfüllen.

Bei dem Anblick deines süßen kleinem Hinterns mit seinem kleinen Eingang und den weichen Lippen deiner Muschi darunter steht mein bestes Stück trotz des Sex mit Claudia sofort – wie immer, wenn ich dich so sehen darf.

Mit einem sanften Stoß gleite ich tief in dich hinein. Mit beiden Händen halte ich dein Becken fest, während ich dich mit langsamen Stößen vögele.

»Schneller! Besorg es mir richtig. Fick mich tief und hart.«

Die gleichen Worte wie vorhin am Strand, als ob ihr zwei euch abgesprochen hättet.

»Ihr Wunsch ist mir Befehl, Madame.«

Der Sex am Abend beschert mir eine geile Ausdauer. Das erlösende Abspritzen kommt erst, nachdem ich mehrere Höhepunkte bei dir gespürt und gehört habe.

»Genau so will ich gevögelt werden. Dein Zauberstab ist doch das Beste, was meiner kleinen Muschi passieren kann.«

Mit diesen Worten sinkst du in die Kissen des Betts und kuschelst dich eng an mich.

Wir sind beide um eine Erfahrung in Sachen Sex reicher, aber ob wir die Einladung der beiden zu einem sicherlich heißen Sexabenteuer wahrnehmen, wird sich zeigen.

Den Gutenachtkuss bekommst du schon fast nicht mehr mit und der Schlaf führt uns ins Land der erotischen Träume.